HANNS LEINER

Ja zum Leben

*Der Kampf um den Paragraphen 218
und eine christlich verantwortbare Regelung
der Abtreibung*

Freimund-Verlag · Neuenendettelsau

Dieses Buch erscheint in der Reihe »Lutherische Verantwortung heute« und wird gefördert durch die »Lutherische Stiftung für theologische, missionarische und diakonische Aktivitäten«. Herausgeber der Reihe sind die Pfarrer Albrecht Köberlin und Dr. Wolfhart Schlichting.

1992
Freimund-Verlag, 8806 Neuendettelsau
Satz und Druck: Freimund-Druckerei
ISBN: 3-7726-0159-6

Inhalt

Vorwort 5

I. *Themapredigt: Ja zum Leben
   (11. Juni 1991)* 7

II. *Die Auseinandersetzung
    mit der Rosenheimer Erklärung*

   1. Rosenheimer Erklärung (April 1991) 17

   2. Die Verantwortung gegenüber dem
      ungeborenen Menschen
      Eine Antwort auf die Rosenheimer
      Erklärung (25. April 1991) 24

   3. Für die Stummen den Mund auftun! –
      Faltblatt im Auftrag des Arbeitskreises
      Bekennender Christen (Juni 1991) 29

   4. Sachlichkeit und Streitkultur –
      sonst nichts? (28. November 1991) 39

   5. Brief an die Gemeinden
      (November 1991) 45

   6. Antwort auf den Brief an die Gemeinden
      (7. Dezember 1991) 50

   7. Warum wir der Rosenheimer Erklärung
      widersprechen müssen (1. Februar 1992) . 61

   8. Die Verantwortung des Mannes
      im Schwangerschaftskonflikt
      Erklärung des Männerausschusses
      der Landessynode der
      Evang.-Luth. Kirche in Bayern 71

   9. Stellungnahme zu der Erklärung
      des Männerausschusses
      (4. Februar 1992) 76

III. *Briefe*

    1. Schreiben an Dieter Haack
       (11. Mai 1991) 85

    2. Stellungnahme von Heinz Burghart
       (26. Juli 1991) 92

    3. Schreiben an Heinz Burghart
       (17. November 1991) 101

IV. *Grundsätzliche theologische Erörterung*
    Abtreibung als rechtliches und ethisches
    Problem im Lichte der lutherischen
    Zwei-Regimenten-Lehre
    (17. April 1991) 111

Vorwort

Vielleicht wundert sich mancher Leser über das Thema »Abtreibung« in der Reihe »Lutherische Verantwortung« und fragt sich: Was hat das notvolle ethische Problem der Abtreibung mit der besonderken Verantwortung des lutherischen Christen zu tun? Tatsächlich gibt es gewichtige Gründe dafür, dieses Thema heute in lutherischer Verantwortung zu bedenken.
Als äußeren Anlaß erwähne ich die sogenannte Rosenheimer Erklärung (RE), in der die Mehrheit der Bayerischen Landessynode sich weit von dem entfernt hat, was bisher in dieser Frage gemeinsame ethische Überzeugung war, und formulierte: »In Konfliktfällen kann die letzte Entscheidung der betroffenen Frau von niemandem abgenommen werden; sie muß sie in ihrer Verantwortung vor Gott treffen.« Diese einseitig am Recht und Wohl der Mutter orientierte Einstellung, die das Leben des Kindes letztlich in deren Verfügungsgewalt stellt und damit sein Lebensrecht nicht wirklich ernst nimmt, verwundert umso mehr, als diese Erklärung aus einer Kirche kommt, die früher als vergleichsweise konservativ und als Hort echten Luthertums galt. Diesen guten, lutherischen Ruf hat unsere Kirche mit der fragwürdigen Rosenheimer Erklärung aufs Spiel gesetzt und einem moralischen Liberalismus – um nicht zu sagen Libertinismus – Tür und Tor geöffnet. Die eklatante Fehlentscheidung, die sie damit getroffen hat, dürfen wir nicht einfach hinnehmen, sondern müssen ihr von Schrift und Bekenntnis her widersprechen. Dies tue ich in diesem Band, indem ich meine Auseinandersetzung mit der RE und ihren Folgen herausgebe. Damit soll das theologische Ringen um eine rechte lutherische Entscheidung dokumentiert und zur Diskussion gestellt werden.
Eine theologisch-ethische Besinnung scheint mir beson-

ders auch deswegen vonnöten zu sein, weil die Fehlentscheidung von Rosenheim nicht einen zufälligen »Ausrutscher« darstellt, sondern tiefere Gründe hat: Kurz gesagt – die Rosenheimer Erklärung ist nicht (mehr) von der Grundstruktur lutherischer Theologie geprägt. Sie löst vielmehr die lutherische Dialektik von Gesetz und Evangelium, von Gericht und Gnade, von Zorn und Liebe Gottes auf, verschweigt Gericht und Zorn Gottes und will nur noch das Evangelium isoliert gelten lassen. Damit vertritt sie eine Art »Gnadenmonismus«. Sie verfällt so dem alten Fehler der Antinomer (Gesetzesfeinde), die das Gesetz in seiner Gültigkeit für Christen leugnen. Dadurch gerät die Erklärung in eine Situationsethik, die ihre Maßstäbe von den Grundströmungen unserer Zeit bezieht und nicht mehr vom göttlichen Gebot nimmt. Indem die Rosenheimer Erklärung aber das Gesetz Gottes nicht mehr ernst nimmt, verliert sie auch das Evangelium als göttliches Wunder über alle Wunder. Es verkommt zum allzu selbstverständlichen Angebot, zur Gnade ohne Reue und Buße, zur »billigen Gnade«, auf die hin man sogar sündigen kann, da sie einem ja sowieso zusteht. Auf diese Weise wird die Gnade Gottes geschmäht. Mit der Gottesfurcht schwindet auch die Gottesliebe und mit ihr wiederum auch die echte Nächstenliebe, die es – in unserem Beispiel – einer christlichen Mutter unmöglich machen müßte, auf Kosten ihres Kindes (besser, leichter) leben zu wollen. Die theologischen Kurzschlüsse von Rosenheim sind nicht nur eine »falsche Theorie«, sondern sie haben auch erschreckende praktische Auswirkungen. Deswegen tut Besinnung auf die echten biblischen Grundlagen lutherischer Theologie und Ethik not.

Dieses Nachdenken über die lutherische Lehre von Gesetz und Evangelium, von Glaube und Liebe, von den beiden Regimenten Gottes soll in einem späteren Band in mehr grundsätzlicher Weise fortgesetzt werden.

Hanns Leiner

I. THEMAPREDIGT: JA ZUM LEBEN

Gehalten von Hanns Leiner am 9. Juni 1991 in der St.-Jakobs-Kirche in Augsburg im Rahmen einer zusammen mit der röm.-kath. Kirche veranstalteten »Woche für das Leben«!

Liebe Gemeinde!

I. Alles Leben ist Gottes Schöpfung

Das bezeugen wir im ersten Glaubensartikel von Gott dem Schöpfer und haben es mit der Auslegung Luthers eben bekannt, der es in klassischer Kürze ausdrückt: »Ich glaube, daß mich Gott geschaffen hat samt allen Kreaturen...« Ausführlicher und mit großer dichterischer Kraft hat Franziskus von Assisi das in seinem Sonnengesang besungen und darin Gott für seine ganze Schöpfung gelobt. Auch sein besonders fürsorgliches und liebevolles Umgehen mit der geringsten Kreatur gehört in diesen Zusammenhang: Er würdigte sogar die Vögel der göttlichen Botschaft und hob jedes Würmlein vom Wege auf, damit es nicht zertreten wird.

Das Leben von Planzen und Tieren in ihrer unübersehbaren Vielzahl, ihrem Formen- und Artenreichtum, ihrer Schönheit und Buntheit der Farben gehört zu den größten Gaben und Wundern der Schöpfung. Gerade weil uns die moderne Biologie gelehrt hat, in das Innere der Zelle, den Zellkern, hineinzusehen und die Zusammenfassung der Erbinformation in den Chromosomen wenigstens ansatzweise zu verstehen, gerade deswegen müssen wir das Wunder des Lebens umso mehr bestaunen. Wenn hier auch alles ganz natürlich und »mit rechten Dingen zugeht«, so geschieht es doch derart konzentriert, fein und kompliziert, daß es bis heute der menschlichen Wissenschaft und Technik nicht möglich war.

Leben aufzubauen oder nachzumachen und nur *eine* lebende Zelle hervorzubringen – und wohl für immer unmöglich bleiben wird.

Alles, was da kreucht und fleucht, was wimmelt und lebt und webt in Feld, Wald und Flur ging hervor aus dem schöpferischen Ruf Gottes, wurde geschaffen durch sein göttliches »Es werde«! Das will uns das erste Kapitel der Bibel sagen. Es steht deshalb unter seinem göttlichen Ja, es existiert nach seinem Willen und es darf leben und sich fortpflanzen unter seinem Segen. Nicht nur zum Menschen, sondern schon zu den Tieren wird von Gott gesagt: »Seid fruchtbar und mehret euch und erfüllet das Wasser im Meer und die Vögel sollen sich mehren auf Erden« (1. Mose 1, 22). Der älteste göttliche Segen dient der Erhaltung und Fortpflanzung des Lebens auf Erden.

Für uns und unser Verhalten zu allem Leben bedeutet das: Wir dürfen uns an der Schöpfung Gottes freuen, ihn über seiner Schöpfung loben, wie es etwa Paul Gerhardt tat in seinem sommerlichen Preis der Schöpfung: »Geh aus, mein Herz, und suche Freud...« Doch nicht genug damit: Wir sind auch verpflichtet zur »Ehrfurcht vor allem Leben«, wie sie uns besonders Albert Schweitzer gelehrt hat: »Ich bin Leben, das leben will, inmitten von Leben, das leben will. Der denkend gewordene Mensch erlebt die Nötigung, allem Willen zum Leben die gleiche Ehrfurcht entgegenzubringen wie dem seinen. Er erlebt das andere Leben in dem seinen. Als gut gilt ihm, Leben erhalten, Leben fördern, entwickelbares Leben auf seinen höchsten Wert bringen. Als böse: Leben vernichten, Leben schädigen, entwickelbares Leben niederhalten. Dies ist das denknotwendige, universale, absolute Grundprinzip des Ethischen.« Dazu gehört ganz praktisch, daß wir alles Leben schützen und bewahren, so gut wir nur können. Das ist wohl auch der Wahrheitsgehalt der etwas überzogenen Forderung von der »Bewahrung der Schöpfung«.

Ganz läßt sich das freilich leider nicht durchführen,

denn dies vielfältige Leben steht im Widerspruch mit sich selbst. Es enthält in sich das düstere Gesetz, daß es immer nur auf Kosten von anderem Leben zu leben vermag. Wir können den Kampf ums Leben, das endlose Fressen und Gefressenwerden im Leben der Natur nicht übersehen oder abschaffen. Wir sollten aber das »Seufzen der Kreatur«, von dem der Apostel Paulus spricht, mit mitleidigem Herzen hören. Denn wir müssen bekennen, daß wir unausweichlich in dies Gesetz des Lebens verflochten sind, indem wir Tiere und Pflanzen für unsere Nahrung heranziehen müssen, um überleben zu können, und das auch dürfen (vgl. 1. Mose 9!). Dieser Riß, der durch die ganze Schöpfung geht und alles Leben beherrscht, wird erst in der neuen Schöpfung behoben sein.

II. Auf dem Hintergrund des Lebens überhaupt ist nun zu sprechen von unserem menschlichen Leben

Alles, was wir bisher vom Leben gesagt haben, gilt für uns auch: Unser Leben mit Leib und Seele ist in seinem Entstehen, Wachsen und Werden und täglichen Funktionieren ein so großartiges Geschehen, daß man eigentlich aus dem Staunen darüber nicht herauskommen dürfte und immer wieder sich daran erinnern sollte, etwa durch die Liedstrophe: »Lobe den Herren, der künstlich und fein dich bereitet, der dir Gesundheit verliehen, dich freundlich geleitet . . .«

Und dennoch ist von unserem menschlichen Leben noch viel mehr zu sagen als von Pflanzen und Tieren: Uns Menschen läßt Gott dies alles erkennen und verstehen. Wir kennen den Geber und die Gabe des Lebens. Wir können und sollen ihm deshalb antworten und dafür danken: ». . . des alles ich ihm zu loben und zu danken und dafür zu dienen und gehorsam zu sein schuldig bin« (Luther, Kleiner Katechismus).

Das menschliche Leben hat Gott über alle anderen

Kreaturen erhoben und ausgezeichnet. Uns hat er die Gottebenbildlichkeit verliehen. Wir sind dazu berufen, sein Spiegel in der Welt zu sein, seine Mitarbeiter und Stellvertreter. Er hat uns nur wenig niedriger gemacht als er selbst ist, mit Schmuck und Herrlichkeit hat er uns gekrönt (Psalm 8). Dem Menschen hat Gott eine unsichtbare Krone aufgesetzt, eine besondere Würde verliehen. Deswegen dürfen und müssen wir von der Menschenwürde sprechen. Sie ist eigentlich nicht unser Besitz, sie kommt nicht aus uns, sondern wurde uns als »fremde Würde« von Gott verliehen. Gerade deswegen darf sie uns niemand mehr nehmen. Gott selbst wacht darüber. Ihm ist der Mensch unendlich wichtig. Er bewacht ihn wie seinen Augapfel, heißt es im Alten Testament mehrfach.

Unser Leben gehört in ganz besonderer Weise Gott, d. h. es ist heilig. Als ihm heiliges Leben schützt er es. Darum muß es auch uns heilig sein. Niemand darf es antasten und zerstören. Zum Schutz der Unantastbarkeit und Unverfügbarkeit menschlichen Lebens erläßt Gott sein Gebot mit aller Strenge: »Wer Menschenblut vergießt, dessen Blut soll auch von Menschen vergossen werden« (1. Mose 9, 6). Oder eben im fünften Gebot: »Du sollst nicht morden!« Wer einen Menschen tötet, der erhebt seine Hand gegen Gott, er bekommt es mit Gott selbst zu tun. »Wer dich antastet, der tastet meinen Augapfel an«, spricht der Herr. Gottes Ja zum Leben gilt in ganz besonderer Weise uns Menschen. Weil Gott zu uns ja sagt, darum dürfen und sollen auch wir zum menschlichen Leben ja sagen.

Das hat weittragende Konsequenzen für jeden einzelnen von uns und für unser Zusammenleben:

Wenn mich Gott als Menschen geschaffen hat und bejaht, dann darf ich mich und meine Existenz auch selbst bejahen und annehmen. Wir dürfen uns über unser Leben freuen und Gott danken, wie es Matthias Claudius in seinem Geburtstagsgedicht tut: »Ich danke Gott und freue mich wie's Kind zur Weihnachtsgabe, daß ich bin, bin! Und dich schön menschlich Antlitz habe.« Wenn Gott uns gewollt und ins Dasein gerufen hat, uns dies einzigartige menschliche Leben geschenkt hat, dann brauchen wir auch nicht zu fürchten, daß unser Dasein sinnlos und vergeblich sei. In diesem Sinn dürfen wir sogar von Selbstverwirklichung sprechen, nämlich daß wir den einmaligen Plan und Auftrag herausfinden und verwirklichen, den Gott uns mit unserem Leben anvertraut hat. Es ist das Pfund, mit dem wir wuchern sollen. Diese besondere Zuwendung Gottes zu uns verleiht uns auch die nötige Zuversicht für unser Leben: Wir brauchen nicht um unsere persönliche Zukunft zu bangen und nicht an der Zukunft der Menschheit zu verzagen. Was Gott mit uns und unserer Welt im einzelnen vorhat, wissen wir nicht – er weiß es. Das muß uns genügen. Ich halte es darum für eine gottlose, unchristliche Rede, wenn auch ernsthafte Menschen heute sagen: In diese Welt wollen wir keine Kinder setzen. Solange er uns die Kraft schenkt, Kinder zu haben, solange gilt auch sein Segen und seine Zusage für die Zukunft. Wir können die Zukunft nicht garantieren und brauchen das auch nicht zu tun, wir dürfen es vertrauensvoll Gott überlassen – vorausgesetzt, daß wir alles Sinnvolle und Nötige für heute und morgen getan haben.

Gottes Ja zum Leben wirkt so als eine große Hilfe und Entlastung, ja es verleiht unserem Leben eigentlich erst seinen Grund, seine Mitte, Kraft und Sinn. Sich darauf zu verlassen, das macht unseres Lebens Leben aus. Dies Vertrauen ist gleich weit entfernt von einem krampfhaften, ichsüchtigen Festhalten des Lebens wie von einem achtlosen Wegwerfen oder Verachten. Mag es noch so teuer und unverfügbar für uns sein, das Erste und Höchste ist dies Leben nicht. Als endliches, letztlich dem Tod verfallenes wird es uns zum Bild und Vorspiel für ein anderes, göttliches Leben. Dies wird uns erst im Glauben an Christus, den Auferstandenen, vermittelt. Er ist unser Leben. Den Unterschied zwischen diesen beiden Arten des Lebens vermag das Griechische besser auszudrücken als unsere Sprache, weil es zwei Worte besitzt: Bios für das natürliche Leben und zoe für das Leben mit Christus. Dies muß gesagt werden, damit der Unterschied zwischen christlichem Glauben und einer allgemeinen Lebensphilosophie klar herausgestellt wird.

Dennoch – wo Gott ja sagt zum irdischen Leben, dürfen wir nicht nein sagen. Wir würden sonst Gott widersprechen. D. h. wir haben die Pflicht zur Erhaltung des eigenen Lebens und seiner Gesundheit. Sicher nicht egoistisch, wohl aber so, wie man mit einem sehr kostbaren Geschenk pfleglich umgeht. Das berührt unsere alltägliche Lebensführung, z. B. unseren Umgang mit Essen und Trinken. Wir müssen darauf achten, daß wir nicht durch falsche und zu reichliche Ernährung unserem Leibe schaden und ihn vor der Zeit zerstören. Unmäßigkeit und Völlerei sind ebenso wenig mit Gottes Ja zum Leben vereinbar wie Trunksucht und andere Formen der Sucht und Abhängigkeit. Dadurch verlieren wir unsere Freiheit und ruinieren unseren Leib. Christen sollen hier maßvoll und nüchtern sein, nicht weil sie Kostverächter des Lebens wären, sondern weil sie nichts tun wollen, womit sie Gottes Geschenk des Lebens geringachten und verschleudern. Leichtsinn und Fahrlässigkeit im Verkehr und am Arbeitsplatz sind ebenso unverantwortlich und unvereinbar mit der christlichen Pflege des Lebensgeschenkes wie gefährliche Sportarten, bei denen die menschliche Gesundheit und sogar das Leben bedroht und oft auch vernichtet wird: Boxen, Motorrad- und Autorennen, überhaupt alle extremen Sportarten, bei denen Menschen ihr Leben der Sensation, dem Gewinnstreben oder ihrem Ehrgeiz opfern und aufs Spiel setzen. Mit Gottes Geschenk dürfen wir nicht Hasard spielen.

Weil unser Leben Gottes Leihgabe ist, darum verfügen wir auch nicht über das Ende unseres Lebens. Selbsttötung wäre ein Eingriff in das Hoheitsrecht Gottes und Zerstörung seines einmaligen Geschenks. Selbst bei großer Bedrängnis sollte das für Christen nicht in Frage kommen, ebenso wenig wie die Tötung aus Mitleid am Ende des Lebens. Was die Gesellschaft für »humanes Sterben« hier in Augsburg propagiert, die aktive Euthanasie, widerspricht dem Respekt vor dem Ja Gottes zum Leben. Wenn auch das Dahinsiechen und -dämmern oder das Erleiden schwerster Krankheiten für uns schwer zu verstehen und zu ertragen ist, sollten wir dennoch um Gottes und der Menschen willen diese Grenze nicht überschreiten.

Das Gleiche gilt nun auch für die Abtreibung: »Das Recht auf Leben ist unteilbar«, schließt ein Flugblatt zur »Woche für das Leben«. Gottes Ja zum Leben gilt voll auch für den ungeborenen Menschen. Er wird nicht erst im Laufe der Schwangerschaft zum Menschen, sondern er entwickelt sich als Mensch. Wir wissen heute darüber viel besser Bescheid als unsere Vorfahren. Gerade die moderne Biologie und Medizin liefert uns eindeutige Beweise für das Menschsein des Ungeborenen. Die Bibel wußte das schon immer und bekennt: »Du hast mich gebildet im Mutterleibe. Ich danke dir, daß ich wunderbar gemacht bin« (Psalm 139). Wenn das stimmt – und wer hätte die Argumente, das in Zweifel zu ziehen? –, dann ist »Abtreibung Tötung menschlichen Lebens«, wie die Rosenheimer Erklärung hier richtig feststellt. Und damit ein Verstoß gegen das Ja Gottes zum Leben und sein Gebot. Einen solchen Verstoß gegen menschliches Leben muß auch ein Rechtsstaat unter Strafe stellen. Sollte er jedoch hier seine Pflicht versäumen und neue Gesetze festlegen, die das nicht mehr tun, ändert das für uns Christen gar nichts. Wir dürfen nicht mit dem sogenannten Zeitgeist gehen und vom Gebot Gottes abweichen. Wir sollten nicht so oberflächlich wie andere sagen: Was der Staat nicht verbietet, ist erlaubt. Für Christen bleibt die Tötung des ungeborenen menschlichen Lebens keine vor Gott verantwortbare Entscheidung. Das muß mit aller Deutlichkeit gegen die Rosenheimer Erklärung gesagt werden. Christen müssen sich um Gottes willen schützend vor das ungeborene Leben stellen und alles tun, um es vor der grausamen Tötung im Mutterschoß zu bewahren. Das ergibt sich als wichtigste Pflicht aus der »Bewahrung der Schöpfung«!

Ansonsten ist natürlich von der Verantwortung der Partner und Ehepaare viel zu halten und zu sprechen, doch die liegt vorher, bevor es zur Zeugung und Empfängnis gekommen ist. Zuerst und vor allem müssen wir uns so verhalten und so verantwortlich umgehen mit unserer Geschlechtlichkeit, daß wir kein ungewolltes Leben zeugen. Wenn es dennoch dazu kommt, dann sind die Würfel gefallen, ein neuer Mensch ist entstanden, über dessen Leben Gott wacht und wir nicht entscheiden dürfen. Dann haben wir keinen echten Entscheidungsspielraum mehr, ohne schwere Schuld auf uns zu laden. Verantwortliches Handeln heißt dann allein: Zu unserem Tun zu stehen und dies neue Leben anzunehmen, evtl. auch die Belastung, die es für uns mit sich bringt. Denn wir sind nicht Herren über Leben und Tod. Außerdem hat Jesus seinen Jüngern etwas vom Lastentragen, ja sogar vom Kreuztragen gesagt und nicht, daß wir die Lasten auf Kosten anderer abschütteln dürfen. Wenn eine Familie wirklich nicht in der Lage sein sollte, das ungeborene Kind später aufzuziehen, wäre die Freigabe zur Adoption zwar keine leichte, aber eine – im Interesse des Kindes – durchaus vertretbare christliche Entscheidung. Man denke an das Salomonische Urteil: Die wahre Mutter gibt ihr Kind lieber der anderen, als es zu töten! Die sogenannte soziale Indikation (wegen einer schweren Notlage) stellt keine Entschuldigung für eine Abtreibung dar, keinen vor Gott vertretbaren Grund. Außerdem – in was für einem Land leben wir denn, daß jedes Jahr ca. 200 000 Ungeborene sterben müssen mit der Begründung, der Konflikt und die Not, die durch sie entstehen, seien anders nicht zu beheben? Hier zu helfen, ist eine dringende Pflicht der christlichen Gemeinden – und natürlich auch der Gesellschaft, damit das Ja zum Leben bei uns häufiger die Oberhand behält gegen das Nein.

Auch die Gefahr, daß ein behindertes Kind zur Welt kommt, liefert nicht ein »Recht auf Abtreibung«. Oder halten wir behindertes Leben schon wieder für »lebensunwertes Leben« wie im Dritten Reich? Wenn eine Schwangerschaft durch Vergewaltigung entstanden ist, bedeutet das für die Frau einen furchtbaren Eingriff in ihr Leben. Nur sollte man auch an das Kind denken und nicht nur an die Mutter. Ist es christlich, daß man es fast automatisch dem Tode ausliefert und so die Sünde seines Erzeugers mit dem Leben bezahlen läßt?

Die einzige Ausnahme, bei der eine Abtreibung christlich verantwortet werden kann, scheint mir der Fall zu sein, wenn das Leben des Kindes gegen das Leben der Mutter steht und nur eines gerettet werden kann, die sogenannte medizinische Indikation. Hier dürfen die Eltern nicht nur entscheiden, hier müssen sie es sogar tun. Doch selbst dann bleibt Abtreibung Tötung menschlichen Lebens, wenn auch unvermeidlich. Hier und allein hier dürfen alle Beteiligten handeln im Vertrauen auf die Vergebung Gottes – auf die man sonst nicht einfach rechnen darf nach dem leichtsinnigen Motto: Gott wird schon verzeihen, das ist ja sein Beruf (Voltaire).

Gott sagt ja zu unserem Leben, er ist ein Liebhaber des Lebens, »Kinder sind eine Gabe des *Herrn* (Psalm 127). Abtreibung widerspricht aufs Krasseste dem Ja Gottes zum Leben. Jesus hat die Kinder und alle Kleinen geliebt und ist für sie eingetreten: »Lasset die Kindlein zu mir kommen!« Er hat den Sinn aller Gebote zusammengefaßt im Doppelgebot der Liebe, dessen zweiter Teil lautet: »Liebe deinen Nächsten wie dich selbst!« Nach diesem Gebot sollen wir Christen bereit sein, unserem Nächsten zu dienen, sein Leben und Wohlergehen genauso ernst zu nehmen wie das eigene. D. h. eine Mutter, die ihr eigenes Lebensglück auf Kosten des Lebens ihres ungeborenen Kindes durchsetzt, handelt nicht im Sinne des Gebotes Jesu. Sie muß sich dafür – wie alle Menschen – vor dem Richterstuhl Christi verantworten, aber sie kann die Verantwortung nicht tragen. Diese fällt als schwere Schuld auf sie und alle Beteiligten.

Gott sagt ja zum Leben. Sein Ja steht über uns als Verheißung und Verpflichtung. Es kann und muß auch unter schwierigen Umständen durchgehalten werden und verpflichtet uns alle dazu, menschliches Leben zu schützen und zu erhalten von Anfang bis zum Ende. Amen.

II. DIE AUSEINANDERSETZUNG MIT DER ROSENHEIMER ERKLÄRUNG

1. Rosenheimer Erklärung der Landessynode zum Schutz des ungeborenen Lebens und zu Fragen des Schwangerschaftsabbruchs

Angesichts der aktuellen Diskussion zu Fragen des Schwangerschaftsabbruchs und über den Schutz des ungeborenen Lebens bekräftigt die Landessynode die Aussagen ihrer Memminger Erklärung »Zum Schwangerschaftsabbruch und zur Bewahrung des Lebens« vom November 1986.

I. In Aufnahme dieser Erklärung unterstreichen wir:
  1. Gott will, daß menschliches Leben geschützt wird. Er vertraut uns das Leben an. Er traut uns darin zu, daß wir Verantwortung für eigenes und fremdes Leben in Achtung und Liebe übernehmen. Mitten in einer Welt von Konflikten und Gewalt, von Sünde und Schuld will Gott durch uns geborenes und ungeborenes menschliches Leben bewahren und schützen.
  2. Uns ist es geboten, uns in allen Bereichen für den Schutz menschlichen Lebens einzusetzen und alles dafür zu tun, daß jedem menschlichen Leben in seiner unwandelbaren Würde eine menschenwürdige Zukunft eröffnet wird. Das nimmt die Christen und die Kirchen, die Gesellschaft und den Staat in die Verantwortung, für das Ja zum menschlichen Leben einzutreten, ungeborenes und geborenes Leben zu schützen und entsprechende Lebensbedingungen zu schaffen.
  3. In unserer Gesellschaft erfährt solches Ja zum

menschlichen Leben, auch einem Leben mit einer Behinderung, manchen Widerstand. Lebens- und kinderfeindliche Strukturen und Tendenzen, die sich auch gegenüber Menschen mit Behinderungen zeigen, (Wohnverhältnisse, wirtschaftliche Gegebenheiten, Situation am Arbeitsmarkt) erschweren oftmals ein verantwortliches und hoffnungsvolles Ja zum Kind. Familien und Alleinerziehende mit Kindern erscheinen mitunter als »unbequeme Nachbarn« und erfahren Ablehnung. Reibungsloses Funktionieren ist mehr gefragt als die lebensnahe und oft spannungsvolle Orientierung am Kind. Persönliche Entfaltungsbedürfnisse treten in den Vordergrund. Wer für den Schutz allen ungeborenen und geborenen menschlichen Lebens eintritt, muß sich darum in besonderer Weise für die Veränderung dieser strukturellen Bedingungen und Tendenzen und für eine neue Einstellung zum Kind einsetzen.

4. Männer und Frauen sind gemeinsam verantwortlich für die Gestaltung von Sexualität, Partnerschaft und Ehe. Beide müssen wissen, daß Sexualität nur dann menschlich gestaltet wird, wenn die Partner sich nicht ausnützen, sondern gegenseitig annehmen und gemeinsam die Partnerschaft gestalten und verantworten. Sexualität enthält zugleich die Möglichkeit der Entstehung neuen Lebens. Wer diese Möglichkeit und die damit im Zusammenhang stehende Notwendigkeit der Empfängnisverhütung außer acht läßt, handelt unverantwortlich. Es gibt Lebenssituationen, in denen der Verzicht auf ausgelebte Sexualität Ausdruck unserer Verantwortung ist. Schwangerschaftsabbruch darf kein Mittel der Geburtenregelung sein. Um Jugendliche zu einem verantwortlichen Umgang mit Sexualität und Liebe anzuleiten, sind Eltern aufgerufen, ihren Kindern ein partnerschaftliches Miteinander vorzuleben. Rechtzeitig mit den Heranwachsenden über Sexualität und Empfängnisverhütung und deren verantwortliche Gestaltung zu reden, ist Aufgabe von Eltern, Schule und Kirche.

5. Jede Schwangerschaft ist ein die ganze Existenz einer Frau betreffendes Geschehen. Lebenssituation und Lebensperspektive werden durch die Schwangerschaft tiefgreifend verändert. Die Mutter und das in ihr wachsende Leben sind aufs engste miteinander verbunden. Darum sind die Mutter und das Leben des Kindes in jedem Fall zu schützen.

Das erfordert, daß Frauen in dieser Situation eine Perspektive in Familie und Beruf eröffnet wird (Chancen im Beruf, Vereinbarkeit von Berufs- und Familienarbeit, soziale Absicherung, gesellschaftliche Achtung und Anerkennung der Aufgabe der Erziehung).

Insbesondere sind auch die Männer an ihre Mitverantwortung für das werdende menschliche Leben, für Fürsorge und Erziehung, für die gemeinsame Übernahme von Aufgaben in Partnerschaft und Familien mit allem Nachdruck zu erinnern.

Es geht nicht an, daß gerade in diesen Konfliktsituationen die moralische Verantwortung und die Lösung von Existenzfragen allein Frauen aufgebürdet wird und so tiefgreifende gesellschaftliche Probleme und Konflikte auf die einzelne betroffene Frau abgewälzt werden. Hier geht es um Fragen, die alle betreffen und in denen alle in die Verantwortung gerufen sind.

6. Weil ungeborenes menschliches Leben geschützt und Mut zum Kind gemacht werden soll, bedarf es einer veränderten Einstellung zum Kind sowie Verbesserungen der Strukturen und konkreter Hilfe. Unabdingbar ist es, familienfreundliche Lebens- und Arbeitsbedingungen zu schaffen. Darum fordern wir die politisch Verantwortlichen auf, die Lebensbedingungen in unserem Staat so zu gestalten, daß sie nicht zum Anlaß für Überlegungen zum Schwangerschaftsabbruch werden, sondern das Ja zum Leben und zum Kind stärken. Insbesondere die Kirche als Arbeitgeberin ist aufgefordert, in ihrem Bereich familien- und kinderfreundliche Arbeitsbedingungen zu schaffen und so ein Beispiel für eine le-

bensdienliche Gestaltung der Arbeitswelt zu geben. In Predigt und Gemeindearbeit ist klar und deutlich über die Einstellung zum Kind die gesellschaftliche Situation, über verantwortliche Partnerschaft und die Freude am Kind, zu sprechen. Denen, die in Not geraten sind und in Konflikten leben, soll in besonderer Weise die Zuwendung der Kirche gelten.

7. In ganz auswegslos erscheinenden Notlagen, in denen es zu einer Entscheidung für einen Schwangerschaftsabbruch kommt, ist es dem christlichen Glauben nicht angemessen, mit einseitigen Schuldzuweisungen zu reagieren. Auch wenn der Schutz menschlichen Lebens bleibendes Gebot Gottes ist, sollen und dürfen wir in solchen Krisen- und Konfliktsituationen die Betroffenen nicht allein lassen. Sie bedürfen unseres Beistandes und unserer Hilfe. Eine verantwortlich getroffene Entscheidung schließt niemals aus, daß wir dabei schuldig werden. Gottes Vergebung will uns hier mitten in schwierigen Situationen neue Wege eröffnen.

II. Aus christlicher Verantwortung setzen wir uns in der aktuellen Diskussion für folgende Grundsätze und Vorschläge ein. Dabei ist es auch Absicht dieser Vorschläge, eine kirchliche Entscheidungshilfe für die anstehende neue Rechtssetzung in diesem Problembereich für alle Bundesländer zu bieten.

1. Die Frau und das in ihr wachsende Leben sind aufs engste miteinander verbunden. Deshalb kann werdendes menschliches Leben nur geschützt werden mit der Frau, die das werdende Kind annimmt, sich mit ihrer ganzen Existenz für das Kind einsetzt, es nährt und ihm Zukunft gibt. In Konfliktsituationen kann die letzte Entscheidung der betroffenen Frau von niemandem abgenommen werden; sie muß sie in ihrer Verantwortung vor Gott treffen.

2. Eine Frau, die einen Abbruch erwägt, ist zur Teilnahme an einer Beratung durch eine staatlich aner-

kannte Beratungsstelle verpflichtet. In diesem Beratungsgespräch werden die Indikation und die Hilfsangebote erörtert. Dadurch wird der grundsätzliche Auftrag, Leben zu schützen, in dieser Konfliktsituation so konkretisiert, daß der Staat das Recht auf Beratung nicht nur eröffnet, sondern zur Beratung verpflichtet. Aufgabe und Sinn einer solchen Beratung ist es nach evangelischem Verständnis: – In der Situation des Konflikts, der Krise und des tiefgreifenden Umbruchs wesentliche und wirksame Entscheidungshilfen anzubieten,
– Die Verantwortung vor Gott und seinem Gebot bewußt zu machen, den durch das Grundgesetz verbürgten Grundwert der Unverfügbarkeit menschlichen Lebens ins Bewußtsein zu rufen, das Gewissen zu schärfen und damit die eigenständige Entscheidungsfindung zu stärken.
– das Recht auf Beratung zu wahren und die Möglichkeiten der materiellen und persönlichen Hilfen aufzuzeigen und zu eröffnen. Auch der Arzt/die Ärztin, der/die in den Fragen der medizinischen und eugenischen Indikation sowie einer Notlagenindikation eine Frau berät, ist zu einem intensiven Beratungsgespräch verpflichtet und hat seine Entscheidung vor Gott zu verantworten.

3. Damit in der Beratung eine verantwortliche Gewissenentscheidung getroffen werden kann, ist uns wichtig: Abtreibung ist Tötung menschlichen Lebens. Eine Schwangerschaft abzubrechen, ist ethisch nur gerechtfertigt,
– wenn eine Fortsetzung der Schwangerschaft das Leben der Frau gefährden würde (medizinische Indikation),

Eine Abtreibung kann in jedem Fall nur ein letzter und auch immer mit Schuld aller Beteiligten verbundener Ausweg sein,
– wenn die schwangere Frau sich in einer aussichtslosen Notlage befindet, die die Fortsetzung der Schwanger-

schaft nach bestem Willen und Prüfung des Gewissens nicht als zumutbar erscheinen läßt und die Notlage auf zumutbare Weise nicht beseitigt werden kann (Notlagenindikation). Strengste Maßstäbe sind hier anzulegen.

4. In einer solchen Konflikt- und Krisensituation sind in besonderer Weise die Männer gefordert, sich ihrer Mitverantwortung bewußt zu werden und sie wahrzunehmen. In ihrer Verantwortung für den Schutz der schwangeren Frau und das ungeborene menschliche Leben müssen Männer den Konflikt der Frau und ihre eigene Rolle in diesem Konflikt erkennen, sich zur Mitverantwortung für die Frau und das werdende Leben bekennen und bereit sein, die damit verbundenen Verpflichtungen zu übernehmen. Wir treten dafür ein, daß – sofern die Frau es wünscht – der Mann zur Beratung hingezogen wird (Beratungspflicht) für Männer.

Insgesamt ist in einer solchen Situation das soziale Umfeld (Eltern, Verwandte, Freunde und Freundinnen) in die Verantwortung für den Schutz der schwangeren Frau und des ungeborenen Lebens genommen. Konkrete Hilfe, Unterstützung, Ermutigung zu einer eigenständig verantworteten Entscheidung sind unabdingbar.

5. Aufgrund der Teilnahme an der Beratung durch eine staatlich anerkannte Beratungsstelle wird eine Bescheinigung über die stattgefundene Beratung (Erörterung der Indikation, Nennung möglicher Hilfsangebote) ausgestellt. Ein Abbruch darf nur erfolgen bei Vorlage dieser Bescheinigung.

Ist die Feststellung einer Notlage maßgeblich, dürfen Beratung und Abbruch nicht durch dieselbe Person vollzogen werden.

Der Abbruch muß in geordneter medizinischer Form vorgenommen werden. Ein Arzt hat das Recht, seinerseits aus religiösen und ethischen Gründen die Durchführung des Schwangerschaftsabbruchs abzulehnen.

6. Dem Sinn der hier vorgelegten Ausführungen ent-

spricht es, daß die betreffenden gesetzlichen Bestimmungen zum Schwangerschaftsabbruch nicht mehr im Strafgesetzbuch, sondern in einem Gesetz zum Schutz des ungeborenen Lebens verankert werden.

Eine Handreichung zu den Kriterien der Beratung aus evangelischer Sicht wird erarbeitet.

III. Wer für das Ja zum Kind eintritt und die Freude am Kind wecken will, muß sich dafür einsetzen, daß entsprechende gesellschaftliche Voraussetzungen geschaffen werden, die Mutter und Kind auch und gerade wenn das Kind behindert ist, Lebenschancen und eine Zukunftsperspektive eröffnen. Entsprechende frauen-, familien- und sozialpolitische Maßnahmen sind zu ergreifen. Es geht nicht nur um Hilfe im Konfliktfall, so notwendig sie ist, sondern um eine umfassende Verbesserung der gesellschaftlichen Strukturen. Die Möglichkeiten einer Familien- und Nachbarschaftshilfe sollen neu entdeckt und genutzt werden. Wir verweisen in diesem Zusammenhang auf unsere Anregungen und Forderungen in der Synodalerklärung von Memmingen.

Besonders dringlich sind in der gegenwärtigen Situation folgende Maßnahmen:
- kostengünstiger Zugang zu Verhütungsmitteln,
- die Bereitstellung erforderlicher Plätze in Kinderkrippen, Kindergarten und Kinderhort,
- die Verlängerung von Erziehungszeiten und ihre Berücksichtigung bei der Altersversorgung,
- die Erhöhung des Erziehungs- und Kindergeldes (kinderfreundliches Steuerrecht),
- die Verbesserung arbeitsrechtlicher Regelungen (Erhalt des Arbeitsplatzes, Hilfen zur Wiedereingliederung, variable und familienfreundliche Regelung und Ausgestaltung von Arbeitsplätzen und Arbeitszeiten),
- Erweiterung des Personals in den Beratungsstellen, damit längerfristige Beratung und Nachsorgeangebote

möglich werden. Anzustreben ist, daß mehrere Beratungen stattfinden; qualifizierte Fortbildungs- und Supervisionsangebote sind erforderlich.
- Das Angebot von Pfarrerinnen und Pfarrern, die Frauen während der Konfliktsituation und nach einem Abbruch seelsorgerlich begleiten.

Wir fordern die Verantwortlichen in Kirche und Diakonie, in Politik und Wirtschaft auf, sich energisch für die Verwirklichung dieser Anliegen einzusetzen.

Kinder sind Geschenk, Zeichen des Lebens und der Hoffnung. Gott der Liebhaber des Lebens will, daß wir als Anwälte des Lebens für den Schutz des geborenen und ungeborenen menschlichen Lebens alles uns Mögliche tun und so unseren Kindern eine Chance auf eine menschenwürdige Zukunft eröffnen.

2. Die Verantwortung gegenüber dem ungeborenen Menschen
Eine Antwort auf die Rosenheimer Erklärung

I. Zum Verständnis des Staates und seiner Aufgabe

1. Nach lutherischem Verständnis ist es nicht Sache einer kirchlichen Synode, in politischen Tagesfragen in die Gesetzgebung des Staates einzugreifen. Insbesondere sehe ich den kirchlichen Auftrag nicht darin, zur Aufhebung bestehender, notwendiger Gesetze (wie z. B. § 218 StGB) aufzufordern.

2. Dazu besteht schon deswegen kein Handlungsbedarf, weil der § 218 seit der Änderung in den 70er Jahren dem ungeborenen Leben sowieso nur noch einen sehr schwachen Schutz bietet. Wenn hier von seiten der

christlichen Kirche etwas anzumahnen wäre, so eine Einschränkung der Indikationen, besonders eine wesentlich engere Fassung oder Aufhebung der sog. sozialen Indikation.

3. Der Staat und staatlicher Rechtsschutz dient nach Gottes Willen der Erhaltung der Welt. Der Schutz des menschlichen Lebens gehört dabei zu den Grundaufgaben (Grundgesetz, Grundrechte) der Rechtsgemeinschaft. Die einschlägigen §§ des StGB konkretisieren den Schutz des menschlichen Lebens und stellen Übergriffe dagegen unter Strafe.

4. Die falsche Meinung, der Staat komme ohne Strafandrohung und Strafvollzug aus, ergibt sich aus einem idealistischen, allzu optimistischen Menschenbild, das nicht mit der menschlichen Sünde, Ichsucht und Bosheit rechnet. Angesichts der Wirklichkeit des Menschen bedarf der Staat in dieser Welt – leider – der Macht und der Strafe zur Durchsetzung des Rechts (Römer 13, 4). Gerade ein christliches Menschen- und Staatsverständnis sollte ihm das nicht bestreiten.

5. Als christliche Kirche sollten wir den Staat nicht verunsichern bei seiner schwierigen und letztlich nie ganz gelingenden Aufgabe, das Unrecht zu bekämpfen und einzudämmen, sondern ihn darin bestärken. Denn er erfüllt seine Aufgabe für uns notwendigerweise auch »unter Androhung und Ausübung von Gewalt« (Barmer Erklärung, These V). Natürlich soll er daneben gegen die Abtreibung auch mit entsprechenden »flankierenden Maßnahmen« vorgehen.

II. Christliche Verantwortung gegenüber dem ungeborenen Menschenkind

1. Die Landessynode erklärt völlig zu Recht: »Abtreibung ist Tötung menschlichen Lebens.« Sie trägt damit den biologischen und medizinischen Erkenntnissen Rechnung, die zweifelsfrei dartun, daß der Embryo von

Anfang an Mensch ist. Davon ist bei allen ethischen Erwägungen zur Abtreibung auszugehen. Das macht die Schwere der Verantwortung aus.

2. Deswegen muß der allgemeine Rechtsschutz auch für den ungeborenen Menschen gelten. Erfreulicherweise bekennt sich die Synode ebenfalls dazu, sich »für den Schutz menschlichen Lebens einzusetzen«. Sie tut es jedoch nur halbherzig und widerspricht sich selbst, indem sie trotzdem die letzte Entscheidung über die Abtreibung der betroffenen Frau zumutet und aufbürdet: »Sie muß sie in ihrer Verantwortung vor Gott treffen.«

3. Damit überläßt die Synode der Frau (und den übrigen Beteiligten) eine Verantwortung, die ihnen nach christlichem Verständnis nicht zusteht und die sie gar nicht zu tragen vermögen.

4. Nach dem christlichen Menschenbild darf der Mensch nicht über sein eigenes Leben und seinen Tod verfügen und – abgesehen von schwersten Konfliktfällen – auch nicht über das Leben anderer Menschen. Unser Leben gehört Gott und ist ihm heilig und darum auch für uns sakrosankt.

5. Das bezeugt die Bibel vielfach, ganz klar auch im 5. Gebot: »Du sollst nicht töten!«, vor allem in der verschärfenden Auslegung durch Jesus in der Bergpredigt. Das Liebesgebot verpflichtet uns zur Hilfe, Schonung, Fürsorge gerade für das kleine, schwache und auf uns angewiesene Leben (Römer 13, 8–10; 1. Korinther 13). Die Liebe Christi verbietet uns im Konfliktfall eine »Konfliktlösung« auf Kosten des Kleinsten und Schwächsten (des Ungeborenen).

6. Christliche Liebe wird nicht ohne Verzicht, Opfer, Annehmen und Tragen von Lasten (Galater 6, 2) verwirklicht werden können. Deswegen kann sie in eine Abtreibung aufgrund der sogenannten sozialen Indikation nicht einwilligen und darin keinen »Ausweg« sehen.

7. Eine Frau – und alle Beteiligten –, die ihre Verantwortung vor Gott und seinem heiligen und guten Willen

ernst nehmen, haben hier keinen Entscheidungsspielraum: Sie sind – abgesehen von seltenen, schwersten Konfliktfällen – immer genötigt, ihre Entscheidung *für* das ungeborene menschliche Leben zu treffen und zur Abtreibung nein zu sagen.

8. Richtig ist der Satz der Synode von der unvertretbaren Verantwortung der Frau nur insofern, als sie sich für ihr Handeln vor Gott zu verantworten hat und d. h. die Schuld, in die sie durch eine Abtreibung (= Tötung) gerät, tragen muß. Davon ist noch viel entschiedener und deutlicher zu reden, als die Synode es tut: Daß Tötung menschlichen Lebens, und also auch die Abtreibung uns mit Sünde gegen Gott und Schuld gegen den Menschen belädt. Diese Schuld dürfen wir nicht um unserer Lebensplanung, um materieller Vorteile oder um der Vermeidung von Einschränkungen und Nachteilen willen auf uns laden.

9. Selbst wenn im unlösbaren Konfliktfall der medizinischen Indikation das Leben der Mutter gegen das Leben des Kindes steht, weil nur eines von beiden erhalten werden kann, geschieht die Abtreibung des Ungeborenen nicht ohne Schuld. Wenn Christen in diesem Fall dennoch mit getröstetem Gewissen und in der Hoffnung auf Vergebung in die Abtreibung einwilligen, so stellt auch das keine Selbstverständlichkeit dar, sondern eine schmerzliche, im Grunde unmögliche Wahl zwischen zwei Menschenleben. Der Tod des Kindes wird gewissermaßen »aufgewogen« durch das Leben der Mutter, das gerettet werden soll. Welches andere Gut wäre in der Lage, das Leben des Kindes »aufzuheben«? Was sonst wäre ihm gegenüber eine Notlage, die »als nicht zumutbar« gelten dürfte?

10. Die Schuld einer Abtreibung darf nicht bagatellisiert und verdrängt werden. Ihr muß das Schuld- und Unrechtsbewußtsein entsprechen, das heute leider sehr im Schwinden ist. Indem die Synode dazu aufruft, den § 218 ersatzlos zu streichen, trägt sie mit dazu bei, das

Unrechts- und Sündenbewußtsein bei der Abtreibung noch weiter zu verringern.

11. Die Schuld der Abtreibung kann die Vergebung Christi finden wie alle andere, auch schwere Schuld, wenn sie erkannt und bekannt und dafür die Vergebung Gottes oder Christi erbeten wird. Ohne ein ähnliches Bekenntnis wie das des verlorenen Sohns: »Vater, ich habe gesündigt...«, wird Vergebung nicht empfangen. Wir müssen uns gerade hier vor der Rechtfertigung der Sünde und der billigen Gnade hüten. Die oft geforderte Entkriminalisierung der Abtreibung deutet auf einen gefährlichen Schwund des Sündenbewußtseins und auf eine Selbstrechtfertigung. Die echte Vergebung darf nicht aus dem Wunder der Gnade zu einer Selbstverständlichkeit, ja zu so etwas wie einer nachträglichen göttlichen Billigung der Abtreibung werden, für die es angeblich so viele gute Gründe gibt. Der Sünderheiland Jesus ließ nie einen Zweifel daran, daß er wirklichen Sündern ihre Sünde vergab, wenn sie ihre Sünde einsahen und annahmen. Dann heißt es bei ihm: »Gehe hin und sündige hinfort nicht mehr!« Alles andere wäre ein schwächliches Nachgeben gegenüber dem Zeitgeist.

Die »Rosenheimer Erklärung« ist als Zeichen einer tiefen Verwirrung unserer Kirche anzusehen und darf so nicht hingenommen werden. In ihr werden die rechtlichen und ethischen Argumente in Bezug auf die Abtreibung verdreht und vernebelt, die Sünde der Abtreibung verharmlost und verkannt. So macht man sich mitschuldig an einer gefährlichen Beruhigung über den Skandal der Tötung eines Drittels aller ungeborenen Kinder in unserem Lande.

3. Für die Stummen den Mund auftun!

Gründe zur Abtreibung?

Kein Zweifel, es gibt in unserer Gesellschaft viele Gründe zur Abtreibung, sonst wäre sie wohl nicht so häufig: Persönliche und gesellschaftliche, seelische und körperliche, echte und unechte. Unsere Gesellschaft macht es Müttern und Familien schwer, Kinder zu haben und aufzuziehen. Vor allem kinderreiche Familien werden auf vielfältige Weise benachteiligt. Sie gelten als asozial, sinken tatsächlich ab unter die Grenze der Sozialhilfe, tun sich schwer, eine angemessene Wohnung zu finden oder zu bezahlen. Die Rolle der Mutter gilt wenig und wird entsprechend wenig honoriert. Sie paßt anscheinend nicht zu einer emanzipierten Frau. Mutterschaft wird oft als Störung der Berufskarriere angesehen. Oder sie bürdet ihr eine Mehrfachbelastung auf, die für eine Alleinerziehende fast untragbar wird. Von der allgemeinen Last der Schwangerschaft und Geburt einmal ganz zu schweigen. Wenn dann noch der Druck der Eltern oder die Erpressung durch den Partner hinzukommt, dann legt sich der Gedanke an eine Abtreibung sehr nahe. Noch gar nicht zu reden von den Fällen, die in den sogenannten Indikationen ausdrücklich genannt werden (Behinderung des Kindes, Vergewaltigung oder gesundheitliche Schädigung der Mutter).

So verständlich und berechtigt diese Gründe sein mögen, so wenig kann man sich bei ihnen beruhigen. Dekken sie nicht tief unmenschliche Züge unserer Gesellschaft auf: Ihre Familien- und Kinderfeindlichkeit, ihre Kälte und Härte, ihre Lebensfeindlichkeit, die Mütter an den Rand drängt und in der Kinder vor allem als eine Last und Störung und ein Kostenfaktor empfunden werden!? Es ist sicher eine vordringliche Aufgabe unserer Kirche, diese »Gründe« zu bekämpfen und alles zu tun, um das zu ändern. Soweit die Rosenheimer Erklärung der Landessynode das gefordert hat, ist ihr zuzustimmen. Es stellt aber einen moralischen Kurzschluß dar, wegen dieser Schwierigkeiten die Abtreibung für gerechtfertigt zu halten.

Von Anfang an Mensch

Die Nöte werfen die Frage der Abtreibung auf, aber sie beantworten sie noch nicht, jedenfalls nicht rechtlich und nicht christlich-ethisch. Man kann noch so sehr verstehen, daß eine Frau abtreiben will, damit ist noch nicht gesagt, ob sie es auch darf. Denn »Abtreibung ist Tötung menschlichen Lebens«, noch dazu eine besonders widernatürliche Form der Tötung: Sie findet im Mutterschoß, in der Wiege des Lebens statt, und es handelt sich dabei wirklich um einen Menschen, der getötet wird.

Alle Erkenntnisse der modernen Biologie und Medizin weisen darauf hin, daß der Ungeborene Mensch ist von Anfang an, d. h. von der vollen Verschmelzung der väterlichen Samenzelle mit der mütterlichen Eizelle an. Dadurch entsteht ein neuer, ganzer Satz von Chromosomen, der alle Erbanlagen des Menschen enthält. Er bleibt das ganze Leben über gleich, wird bei jeder Zellteilung verdoppelt und ist im Kern jeder Zelle unseres Körpers enthalten. Er bestimmt über alle körperlichen und seelischen Anlagen des Menschen. Er ist buchstäblich einmalig und unterscheidet sich durchaus auch von dem der Mutter. In ihm ist auch die Ausbildung der vollen Menschengestalt und des menschlichen Gehirns angelegt; sie werden sich ausbilden, wenn man ihm Zeit läßt und ihn nicht vorzeitig tötet.

Der ungeborene Mensch besitzt auch gegenüber seiner Mutter Selbständigkeit, stellt zu keiner Zeit einen Teil von ihr dar, ist nicht mit ihr identisch. Das kommt u. a. darin zum Ausdruck, daß er ein eigenes Körpereiweiß besitzt, eine eigene Blutgruppe haben kann, einen eigenen Blutkreislauf entwickelt mit einem eigenen Herzen. Er empfängt von der Mutter zwar Schutz, Wärme, Nahrung und Atmung und gehört eine Zeitlang zu ihr. Aber er führt ein eigenes Leben in ihr und gehört ihr nicht. Sie darf deshalb nicht über ihn verfügen.

Diese wissenschaftlichen Erkenntnisse stimmen voll mit den biblischen Aussagen über den ungeborenen Menschen überein: »Denn du hast meine Nieren bereitet und hast mich gebildet im Mutterleibe. Ich danke dir dafür, daß ich wunderbar gemacht bin ... Es war Dir mein Gebein nicht verborgen, als ich im Verborgenen gemacht wurde ... Deine Augen sahen mich, als ich noch nicht bereitet war« (Psalm 139, 13–16). Du hast *mich* gebildet im Mutterleibe, d. h. der Beter sieht in dem Ungeborenen sich selbst, einen Menschen, und er sieht ihn als Geschöpf Gottes, entstanden durch das Wirken Gottes aus den uns verborgenen unscheinbaren Anfängen des Menschseins.

Dem Ungeborenen kommt die volle Menschennatur zu, die Gottebenbildlichkeit und damit auch die Menschenwürde. Daraus gilt es die rechtlichen und ethischen Konsequenzen mit allem Ernst zu ziehen.

Die Aufgaben des Staates

Der Staat und staatlicher Rechtsschutz dienen nach Gottes Willen der Erhaltung der Welt. Der Schutz des menschlichen Lebens gehört dabei zu den Grundaufgaben der Rechtsgemeinschaft. Die einschlägigen Paragraphen des StGB konkretisieren den Schutz des menschlichen Lebens und stellen Übergriffe dagegen unter Strafe. Auch wenn der Mensch dadurch nicht gebessert und Verstöße nicht verhindert werden, darf der Staat nicht resignieren vor dem Unrecht und seine Gesetze nicht dem menschlichen Verhalten anpassen. Das wäre Kapitulation vor dem Unrecht.

Das gilt auch für die Abtreibung. Da sie als Tötung

menschlichen Lebens ein Tötungsdelikt darstellt, also einen Verstoß gegen das Grundrecht des Lebens, kann sie weder »entkriminalisiert«, noch von einem Staat, der seine Aufgabe ernst nimmt, geduldet werden. Was dazu vom rechtlichen Standpunkt zu sagen ist, hat das Bundesverfassungsgericht in seinem Urteil 1975 klassisch zusammengefaßt:

»Das sich im Mutterleib entwickelnde Leben steht als selbständiges Rechtsgut unter dem Schutz der Verfassung... Der Lebensschutz der Leibesfrucht genießt grundsätzlich für die gesamte Dauer der Schwangerschaft Vorrang vor dem Selbstbestimmungsrecht der Schwangeren und darf nicht für eine bestimmte Frist in Frage gestellt werden... Das Recht auf Leben wird jedem gewährleistet, der ›lebt‹ ... ›jeder‹ ist daher auch das noch ungeborene menschliche Wesen... Wo menschliches Leben existiert, kommt ihm Menschenwürde zu... Die Schutzpflicht des Staates ist umfassend... Der Staat muß grundsätzlich von einer Pflicht zur Austragung der Schwangerschaft ausgehen, ihren Abbruch also grundsätzlich als Unrecht ansehen... Der Abbruch einer Schwangerschaft zerstört unwiderruflich entstandenes menschliches Leben. Der Schwangerschaftsabbruch ist eine Tötungshandlung... Von hier aus gesehen ist der Einsatz des Strafrechts zur Ahndung von ›Abtreibungshandlungen‹ ohne Zweifel legitim... Ebenso ergibt sich hieraus, daß auf eine klare rechtliche Kennzeichnung als ›Unrecht‹ nicht verzichtet werden kann.«

Das gilt selbst dann, wenn der Staat ausnahmsweise wegen Vorliegens besonderer Gründe (Indikationen) auf Strafe verzichtet. Es handelt sich dann um geduldetes, straffrei bleibendes Unrecht; die Abtreibung wird dadurch jedoch keineswegs erlaubt, gerechtfertigt, entschuldigt, ein »Recht auf Abtreibung« wird der Frau nicht eingeräumt.

Ein Staat, der die sogenannte Fristenregelung zum

Gesetz erhebt (wie die ehemalige DDR), verstößt dadurch gegen seine Grundpflicht des Lebensschutzes – und bei uns zudem gegen das Grundgesetz. Das gilt heute genauso wie vor 16 Jahren. Darum ist die Forderung der Rosenheimer Synode, Abtreibung aus dem Strafgesetzbuch herauszunehmen grundverkehrt und verunsichert den Staat in einer schwierigen und kritischen Situation statt ihm zu helfen, seine Aufgabe als Staat nach christlichem Verständnis zu verwirklichen.

Weder das in Aussicht gestellte »Gesetz zum Schutz des ungeborenen Lebens« noch der sogenannte dritte Weg der Frau Professor Süssmuth vermögen vor diesem Hintergrund zu überzeugen oder zu bestehen. Sie denken nur von der Frau und ihren Rechten her. Der Hauptbetroffene, das noch nicht geborene Kind, wird dabei nicht berücksichtigt und noch weniger geschützt als jetzt. Schlechterdings unerträglich, weil rechtswidrig, ist der Gedanke, daß die Mutter allein und letztinstanzlich über die Tötung ihres Kindes entscheiden dürfen soll.

Gänzlich unbegreiflich wird dieser Gedanke in der Erklärung der Synode unserer Kirche: »In Konfliktsituationen kann die letzte Entscheidung der betroffenen Frau von niemandem abgenommen werden; sie muß sie in ihrer Verantwortung vor Gott treffen.« Hier geht verschiedenes durcheinander: Daß die Frau – wie jeder andere Mensch – sich für ihre Handlungen, also auch für die Abtreibung vor Gott verantworten muß, steht fest; aber ob sie das auch kann, scheint mir höchst fraglich. Außerdem kann man nicht zugleich die Unverfügbarkeit menschlichen Lebens festhalten wollen und im gleichen Atemzug der Frau die Entscheidung darüber zusprechen: Entweder ist unser Leben wirklich unverfügbar für uns, dann hat auch die Mutter nicht darüber zu entscheiden. Oder man gesteht ihr eine Entscheidung zu, dann ist es eben nichts mit der Unverfügbarkeit. Beides zu wollen und zu behaupten – wie die Synode in ihrer Erklärung – widerspricht sich total. Statt zur Klärung zu helfen und Wegweisung zu geben, hat die Synode die Verwirrung vergrößert und diejenigen in unserem Lande unterstützt, die es sich sowieso leicht machen mit der Abtreibung. Man kann nur hoffen, daß unser Staat in dieser Frage beim Grundgesetz bleibt und nicht auf diesen schlechten Rat unserer Synode hört.

Sünde beim Namen nennen

Gottes Wille verlangt auf jeden Fall mehr von uns als das staatliche Gesetz. Das wird besonders deutlich in der Auslegung des Willens Gottes durch Jesus in der Bergpredigt. Daran ändert sich für uns nichts, auch wenn der Staat etwa – gegen seinen Auftrag – die Fristenlösung beschließen würde. Für Christen darf jedenfalls nicht gelten: Was der Staat nicht verbietet, ist erlaubt!

Christliche Eltern sollten bereit sein, um der Liebe Christi willen auch die Last anzunehmen, die eine ungewollte Schwangerschaft bedeuten kann. Eine Konfliktschwangerschaft stellt für sie eine Probe des Glaubens dar. Hier ist ganz konkret der Verzicht auf eigene Lebenschancen, Pläne, Möglichkeiten der »Selbstverwirklichung« gefordert, im Vertrauen darauf, daß auch schwere Wege ihren Sinn haben und vielleicht gerade besonders der menschlichen Reife dienen. Der Apostel Paulus verspricht uns, daß »denen, die Gott lieben, alle Dinge zum Besten dienen«. Ist es denn gesagt, daß auf dem eigenmächtigen Wege, auf dem man vor der Tötung des Ungeborenen nicht zurückschreckt, wirklich Segen liegt?

Angesichts der Liebe Christi zu den Kleinen und Schwachen wird die menschliche Lieblosigkeit und Hartherzigkeit noch viel krasser sichtbar, die darin besteht, einen schutzlosen, ungeborenen Menschen zu töten – aus welchen Gründen auch immer. Jesus hat den heiligen Willen Gottes in erschreckender Weise radikalisiert, verschärft und verinnerlicht. In seinem Munde wird er für uns zum anklagenden Gesetz, wie Paulus es gesehen hat: »Durch das Gesetz kommt die Erkenntnis der Sünde.« Es deckt unsere Schuldverstrickung auf, aus der wir uns nicht selbst befreien können. Das gilt auch für die Abtreibung, und zwar nicht nur für die Frau, sondern ebenso den Vater des Kindes und alle, die in irgendeiner Weise an der Abtreibung beteiligt sind. Es gilt freilich auch für uns alle. Darum darf dies nicht als ein pharisäisches Anklagen mißverstanden werden.

Weil Erkenntnis der Sünde die unumgängliche Voraussetzung der Vergebung ist, darum muß es gesagt werden: Abtreibung ist durch nichts zu entschuldigende oder zu rechtfertigende Sünde, Verstoß gegen den Liebeswillen Christi, Versagen und Lieblosigkeit, Ichsucht oder vielleicht auch Verzweiflung – doch auch das ist Sünde. Vor Gott muß der Schaden aufgedeckt und bekannt werden. Hier wie bei anderen Sünden hilft keine Verdrängung, Verharmlosung oder sogar Leugnung der Sünde. Die Kirche muß den Mut haben, Sünde beim Namen zu nennen, d. h. sie muß Gericht und Gnade verkündigen, Gesetz und Evangelium predigen. Es stellt einen schweren Schaden unserer Kirche dar, daß die Predigt des Gesetzes praktisch überhaupt nicht mehr vorkommt.

Darum erwartet man Vergebung ohne Sündenbekenntnis. Damit wird aus dem Wunder der grundlosen Barmherzigkeit Gottes eine Selbstverständlichkeit, fast eine Gnadenautomatik. Mit den Worten Bonhoeffers: Aus der teuren Gnade wird die billige; aus der Rechtfertigung des Sünders die Rechtfertigung der Sünde.

Aber das letzte Wort hat nicht das Gesetz, sondern das Evangelium, das Wort der großen Entlastung und Befreiung. Wo Vergebung wirklich erbeten wird, da darf sie im Namen Christi zugesprochen werden. Auch die Sünde der Abtreibung darf – wie jede andere Sünde – vergeben werden. »Da sprach David zu Nathan: Ich habe gesündigt gegen den Herrn. Nathan sprach zu David: So hat auch der Herr deine Sünde weggenommen« (2. Sam. 12, 13).

Welche Entscheidungsmöglichkeit bleibt uns noch?

– Vor allem anderen: Wir sollen kein ungewolltes Leben zeugen oder empfangen. Das mahnt uns zu verantwortlichem Umgang mit der eigenen Geschlechtlichkeit. Hier liegt unsere Verantwortung und unsere Entscheidungsfreiheit, bevor neues Leben entstanden ist.

– Wenn es dennoch zur Zeugung eines ungewollten Kindes gekommen ist, haben Mutter, Vater und die übrige Gesellschaft wegen der Unverfügbarkeit menschlichen Lebens grundsätzlich keine Entscheidungsfreiheit mehr gegen das Leben des Ungeborenen, sondern nur für es. Ihre Freiheit findet ihre Grenze am Lebensrecht des anderen Menschen – wie auch sonst.

Zu warnen ist in diesem Zusammenhang vor einer oberflächlichen Rede vom »Konflikt«. Man hört oft sagen, hier stehe das Lebensrecht der Mutter im Konflikt mit dem Lebensrecht des Kindes. So richtig es an sich ist, ethische Konflikte wahrzunehmen, so bedenklich ist es doch hier: Es handelt sich nämlich um einen schiefen, ungleichen Konflikt. Für das ungeborene Leben geht es um das Ganze, buchstäblich ums Leben, für die Mutter um einzelne Rechte oder Probleme (Bildung, Beruf, Geldnöte, Belastung, Gesundheit usw.), jedoch allermeist nicht um das Leben.

Als Christen müssen wir dabei bleiben: Ein von seinen Eltern gezeugtes und empfangenes Kind verpflichtet die Eltern dazu, es anzunehmen und sich auf es einzustellen und so die Verantwortung für das eigene Handeln zu übernehmen. Alles andere wäre Flucht vor der Verantwortung und schwere Schuld. Jedenfalls gilt das für die überwiegende Mehrzahl der Fälle (89 %), in denen die sogenannte soziale Indikation in Anspruch genommen wird. Sie kommt mir vor wie eine vornehme Umschreibung für unsere Liebesunfähigkeit und unsere Unwilligkeit zur Verantwortung für unsere Taten. Bei ihr wollen wir die durch uns entstandene Belastung einfach abwerfen auf Kosten des Schwächsten, der hier auf jeden Fall der ungeborene Mensch ist.

Statt der Abtreibung sollten wir für eine Möglichkeit eintreten, die sicher auch ihre Probleme hat, aber weitaus der Tötung vorzuziehen ist, die Freigabe zur Adoption: Wenn ein Paar oder eine Frau nicht dazu in der Lage sind, ein Kind aufzuziehen, dann wäre es eine verantwortliche Entscheidung, es leben zu lassen, auszutragen und anderen Menschen anzuvertrauen, die ihm den Dienst der Fürsorge und Erziehung gerne tun. Es gibt sehr viele, die Kinder adoptieren wollen, oft aber keine bekommen oder sehr lange darauf warten müssen.

Ausnahmen?

– Die eugenische Indikation: Sie ist äußerst fragwürdig und von Christen abzulehnen, da sie auf eine verkappte Euthanasie hinausläuft. Das ungeborene Kind wird zur Tötung freigegeben, weil es behindert zur Welt kommen wird oder der Verdacht (!) dazu besteht. Es wird gewissermaßen als »lebensunwertes Leben« angesehen. Diese Indikation ist mit sehr gefährlichen Konsequenzen verbunden, wenn aus ihr Folgerungen für die Behandlung des Menschen am Ende seines Lebens gezogen werden.

– Die ethische und kriminologische Indikation: Sie liegt vor, wenn ein Kind durch eine Vergewaltigung gezeugt wird. Es besteht kein Zweifel, daß es sich um ein schweres Unrecht handelt, das der Frau zugefügt wurde. Der Verzicht des Staates auf eine Strafe bei Abtreibung ist verständlich. Trotzdem halte ich auch hier die Tötung des Kindes für keine »glatte« Lösung, für keine Selbstverständlichkeit, wie man heute allgemein denkt. Wird ein Verbrechen durch ein Tötungsdelikt ungeschehen gemacht? Was kann das Ungeborene dafür, um dessen Leben es geht? Es wird gewissermaßen anstelle seines Vaters hingerichtet. Gerade in diesem Fall würde sich m. E. die Freigabe zur Adoption besonders anbieten.

– Die medizinische Indikation: Ihre Beurteilung hängt sehr davon ab, wie man sie definiert: Wenn sie so weit gefaßt wird wie heute (Bedrohung von Leben und Gesundheit der Mutter), dann läuft das auf eine soziale Indikation hinaus und ist abzulehnen. Wenn aber wirklich durch die Schwangerschaft ein lebensbedrohlicher Zustand für die Mutter entsteht, dann ist das gegeben, was man mit der Konfliktsituation meint: Es steht Leben gegen Leben. Dies ist der einzige Fall, in dem die Eltern / die Mutter zu einer Entscheidung nicht nur berechtigt, sondern geradezu gezwungen sind. Sie dürfen nicht nur, sondern sie müssen entscheiden, wer überleben soll, wenn nur eines von beiden überleben kann. Damit ist auch noch nicht für alle Fälle gesagt, wie diese Entscheidung aussieht. Es kann auch sein, daß sich die Mutter trotz des Risikos für sie für das Kind opfert. Es gibt solche Beispiele!

So müßte man die ethische Frage der Abtreibung in christlicher Verantwortung angehen, jedenfalls ihre individual-ethische Seite. Der Entscheidungsspielraum für den Christen wird allerdings sehr eng. Was die Mehrheit der Synode in der Rosenheimer Erklärung dazu geschrieben hat, ist widersprüchlich und oberflächlich und entspricht eher dem atheistischen, autonomen Menschenbild als dem christlichen.

Abschließend sei erwähnt, daß es hier natürlich auch eine Verantwortung der Gesellschaft und besonders der christlichen Gemeinde für das ungeborene Leben, die Eltern, die Mütter, die Kinder und Familien gibt. Aber die stand hier nicht zur Debatte. Das wäre ein neues Thema.

Für die Stummen den Mund auftun!

»Abtreibung ist Tötung menschlichen Lebens.« Es geht um das Leben der Ungeborenen und seine Erhaltung, Rettung. Die Ungeborenen haben bei uns keine »Lobby«, keine Anwälte. Ihr stummer Schrei findet in unserem Land kaum Gehör. Deswegen ist es Sache von Christen, den Mund für die Stummen aufzutun, auf sie aufmerksam zu machen und für sie zu schreien. Die ungeheure Zahl der getöteten Ungeborenen ist ein Alarmzeichen dafür, wie weit die Abwendung von Gott in unserem Volk schon vorangeschritten ist, und durch die teilweise Gleichgültigkeit auch in unserer Kirche könnten wir uns das Gericht Gottes zuziehen.

Herausgeber: ABC (Arbeitskreis Bekennender Christen), Missionsstraße 3, Postfach 68, 8806 Neuendettelsau; Verfasser: Hanns Leiner

4. Sachlichkeit und Streitkultur – sonst nichts?

Zur Auseinandersetzung um die Rosenheimer Erklärung

Eine nie dagewesene Anzahl von Anträgen, Stellungnahmen und Eingaben zur Rosenheimer Erklärung (RE) haben nichts zu ändern vermocht. Die Kulmbacher Landessynode hat das Votum von Rosenheim mehrheitlich bestätigt, als wäre nichts geschehen.

Ganz wohl scheint sie sich dennoch in ihrer Haut nicht zu fühlen: Ein »Brief an die Gemeinden« soll darlegen, worin Konsens besteht und worin Dissens. Wie man auf diesem Wege weiterkommen will, ist mir schleierhaft. Außerdem sollen im nächsten Frühjahr Begegnungstagungen mit der Kirchenleitung stattfinden für alle, die sich zur RE geäußert haben. »Dabei sollen die Kritiker eine persönliche Antwort erhalten und die aufgewühlte Diskussion versachlicht werden« (Augsburger Allgemeine vom 27. 11. 91). Diesen Satz muß man sich genau ansehen, denn er enthält, verpackt in ein freundliches Angebot, eine höchst unsachliche Unterstellung, eine moralische Ohrfeige: Es kommt so heraus, als ob alle, die sich kritisch zur RE geäußert haben, dies in unsachlicher Weise getan hätten. Man stellt die Kritiker hin als Menschen, die sich von ihren »aufgewühlten Emotionen« zu einem ganz unnötigen Streit hinreißen ließen. Ist das sehr sachlich?

Was heißt hier überhaupt »Sachlichkeit«? Stellt sie denn den höchsten Bewertungsmaßstab dar? Waren die Propheten immer sachlich? Gibt es nicht Fragen, die man nicht mit kühler Logik angehen kann und darf? Wäre es angemessen, etwa angesichts von Völkermord einfach »sachlich« zu bleiben?

Wenn schon ernsthaft von Sachlichkeit die Rede sein soll, muß man feststellen, daß sie eine ambivalente Sache ist: Es gibt eine gute und eine fragwürdige Sachlichkeit; die gute, zu der der Glaube unsere Vernunft befreit und die uns hilft, gerecht, vorurteilsfrei und unvoreingenommen einen Sachverhalt möglichst klar zu erfassen und zu prüfen und dann eben »sachlich«, sine ira et studio zu entscheiden. Das trifft zu für all die vielen, schweren Sachfragen in unserer Gesellschaft.

Andererseits genügt Sachlichkeit dort nicht, wo christliche Nächstenliebe, persönliche Beteiligung und Engagement gefordert werden. Gerade dort, wo wir im persönlichen Bereich selbst mit dem Herzen beteiligt sind, ist die Ratio, der Sachverstand allein zu wenig.

Im übrigen läßt sich unser Sachwissen leider auch mißbrauchen, kaufen und in den Dienst einer schlechten Sache stellen. Deswegen sprach Luther wohl zu Recht von der »Hure« Vernunft.

Sachlichkeit, so es um Sachen geht, aber Leidenschaft, wenn die Wahrheit und das Leben auf dem Spiel stehen!

Bei der Abtreibung geht es um eine Frage von Leben und Tod, sind wir ganz persönlich betroffen und gefragt. In den letzten Jahren war »Betroffenheit« ein Modewort, auch in unserer Kirche, oft und inflationär gebraucht. *Hier* ist sie am Platz! Mit Sachlichkeit allein ist der »Sache«, nein – den ungeborenen Kindern nicht gedient, wir brauchen hier wirklich Betroffenheit, Erschrecken, Kummer und Schmerz über die massenhafte Sünde der Tötung der Ungeborenen. Wen darf denn das unbeteiligt lassen, kühl und sachlich distanziert? Und wem kann es gleichgültig sein, wenn eine Synode unserer Kirche in einer zwiespältigen und nach wie vor unbiblischen Entscheidung mit den Wölfen heult und dem eiskalten, egoistischen Zeitgeist nach dem Munde redet? Wer kann tolerant bleiben, wenn er liest, daß von Christen das Töten von Ungeborenen gewissermaßen nur als »läßliche Sünde« bezeichnet wird? Es ist zwar nach der RE – irgendwie – »mit Schuld verbunden«; allerdings wird sie sofort wieder dadurch bagatellisiert, daß man sie als tragisch-unvermeidlich hinstellt. Nirgends ist jedoch davon die Rede, daß das unschuldige Blut Ungeborener zum Himmel schreit wie das Blut Abels, es sich also um buchstäblich himmelschreiende Sünde handelt. Die Beteiligten meinen vielmehr von vornherein mit der Vergebung rechnen und auf sie hin abtreiben zu dürfen. Das ist unerträglich, und darum endet hier die Toleranz. Hier muß man um das rechte Verständnis des Gebotes Gottes streiten, mit allem Ernst. Darum verfängt auch die Mahnung und der Ruf nach einer »besseren Streitkultur« hier nicht.

Angesichts solcher Fehlentscheidungen einfach von »verschiedenen Meinungen« zu sprechen, den »Pluralismus« zu bemühen und den Kompromiß anzumahnen, geht am Ernst der Sache vorbei. Der Präsident der Synode, Dr. Haack, hat in seinem Artikel »Für eine bessere Streitkultur...« zwar den Sachverhalt so dargestellt, als ob man sich auf allen Seiten im Ziel der Vermeidung von Abtreibungen einig sei, sich lediglich darin unterscheide, wie das Ziel zu erreichen wäre. Er verwechselt dabei die notvolle ethische Grundfrage von Leben und Tod mit einer *Ermessensfrage.* Wenn es sich bei der Abtreibung wirklich um eine Ermessensfrage handelte, dann hätte er freilich recht damit, daß verschiedene Wege zu ihrer Vermeidung führten und zwischen ihnen es also auch einen erlaubten Streit unter Christen gäbe. So liegen etwa die Dinge bei der Friedensfrage oder der Frage der Energieerzeugung. Dann wäre auch die Mahnung berechtigt, trotz dieser Verschiedenheiten sich zu ertragen, d. h. eben zu tolerieren. Vielleicht ließe sich dann sogar ein Kompromiß finden auf dem Boden eines Grundkonsenses.

Freilich wäre es gerade in diesem Fall nicht nötig, sich dazu öffentlich als Kirche zu äußern, ja es wäre sogar höchst problematisch, wenn eine kirchliche Synode zu einer solchen Ermessensfrage Stellung bezieht. Was dabei herauskommt, verkündet wieder nur die Meinung eines Teils der Synode – mehr nicht. Es ist nicht einzusehen, was das den Politikern und der Öffentlichkeit helfen sollte. Gerade unter der Voraussetzung einer Ermessensfrage war die RE überflüssig, hätte die Synode schweigen müssen. Denn die Lösung solcher Fragen ist in unserer Kirche nun wirklich dem mündigen Gewissen und Sachverhalt der einzelnen Christen überlassen. Vorgaben der Kirche riechen hier nach klerikaler Einmischung und Bevormundung. In Ermessensfragen hat die Kirche nichts die Gewissen Bindendes zu sagen (CA 28).

Aber so liegen die Dinge nicht! Bei der Frage der Abtreibung, der »Tötung menschlichen Lebens«, handelt es sich um eine *ethische Grundfrage,* nämlich darum, wie wir es mit der Heiligkeit des menschlichen Lebens halten, bzw. noch genauer, ob wir bereit sind, in dieser

Frage dem Gebot Gottes zu gehorchen und die durch es geschützte Heiligkeit menschlichen Lebens von Anfang an zu respektieren. Zu solchen Fragen darf und muß die Kirche allerdings öffentlich reden – aber anders, als dies in Rosenheim und Kulmbach geschah!

Hier geht es nicht mehr um das Abwägen, auf welchem – politischen – Wege mehr Abtreibungen verhindert werden können (eine Frage, die ein Politiker durchaus bedenken muß), sondern darum, was hier einem Christen erlaubt und verboten ist. Es ist völlig falsch, diese ernste Entscheidung aufzuweichen, indem man sie auf die utilitaristische Ebene (Frage nach dem Erfolg) verschiebt. Hier dreht sich alles um die Pflicht: Was haben wir zu tun und zu lassen? Was ist der Wille Gottes angesichts einer Konfliktschwangerschaft? Es geht dabei nicht nur für das ungeborene Menschenkind ums Ganze, buchstäblich um Tod und Leben, sondern auch für die Eltern und den Arzt und alle irgendwie Beteiligten: Über ihnen allen steht das Wort, das Gott zu Israel und zu uns gesagt hat: »Siehe, ich habe dir heute vorgelegt das Leben und das Gute, den Tod und das Böse ... Ich nehme Himmel und Erde heute über euch zu Zeugen: Ich habe euch Leben und Tod, Segen und Fluch vorgelegt, damit du das Leben erwählst und am Leben bleibst, du und deine Nachkommen« (5. Mose 30, 15.19).

Es geht um Gehorsam oder Ungehorsam, um Recht oder Unrecht, um ein letztes Entweder-Oder und insofern gerade auch für die Handelnden um Leben oder Tod. Wir haben es zu tun mit der Heiligkeit des Gesetzes Gottes, das Jesus nicht aufgehoben oder aufgelöst, sondern bestätigt, vertieft und verschärft hat (vgl. Matth. 5, 21 ff.).

Unter ihm stehen wir, und das fordert uns unbedingt, uns alle und in allen Lebenslagen. *Abtreibung soll nach dem Willen Gottes nicht sein!*

Das allen Gliedern unserer Kirche und darüber hinaus allen Menschen in unserem Land zu bezeugen und zu verkündigen, *das* wäre Aufgabe der Synode gewesen: Die Heiligkeit und Unabänderlichkeit des Gesetzes Gottes klar herauszustellen, den Ernst unserer Verpflichtung (nicht »Entscheidung«) vor Gott verständlich zu machen, die Schwere der unausweichlichen Verantwortung, in der wir vor Gott stehen und uns für alles verantworten müssen, auch für das, was wir nicht verantworten können, und zugleich zu zeigen, daß dieser Wille Gottes der gute, gnädige Wille des Vaters ist, der dem, der danach handelt, das Gelingen des Lebens und seinen Segen verheißt.

Die Synode hätte deshalb gut daran getan, an den Beschluß der Zehn Gebote in der Auslegung Luthers zu erinnern:

»Gott dräuet zu strafen alle,
die diese Gebote übertreten;
darum sollen wir uns fürchten vor seinem Zorn
und nicht wider solche Gebote tun.
Er verheißet aber Gnade und alles Gute allen,
die solche Gebote halten;
darum sollen wir ihn auch lieben und vertrauen
und gerne tun nach seinen Geboten.«

Das alles hat die Synode versäumt zu tun, das hat sie sogar durch eine widersprüchliche und teilweise unbiblische Erklärung verdunkelt. Daran hat sie gegen alle schwerwiegenden Einwände festgehalten und ihren Irrtum hartnäckig und geradezu verstockt wiederholt. Dadurch hat sie in erschreckender Weise versagt und ihren Auftrag verfehlt. Was die Synodalen in dieser Hinsicht beschlossen haben, ist keine konsensfähige »andere Meinung« oder »unterschiedliche Auffassung«, sondern ein gefährlicher Irrtum, dem ich mit allem Nachdruck und Ernst widersprechen muß.

Mit großem Bedauern stelle ich fest: Über den aktuellen Anlaß hinaus wurde mein Vertrauen in die Landessynode schwer erschüttert. Ich werde künftig alle ihre Verlautbarungen und Beschlüsse sehr viel kritischer lesen und auf ihre Übereinstimmung mit Schrift und Bekenntnis genau überprüfen.

»Auch Konzilien (=Synoden) können irren« (Martin Luther), leider Gottes, und die Bayerische Landessynode hat in diesem Jahr gleich zweimal in der Frage der Abtreibung schwer geirrt, wie ich mit klaren Argumenten nachzuweisen versucht habe.

Sie hat damit ihre Autorität in fahrlässiger Weise aufs Spiel gesetzt bzw. verloren. Was die Synode hier erneut beschlossen hat, atmet einen anderen Geist als den der Bibel und den Jesu Christi.

5. Brief der Kirchenleitung der Ev.-Luth. Kirche an die Gemeinden

Gemeinsam zum Schutz des Lebens verpflichtet

Nach der Verabschiedung der Rosenheimer Erklärung zum Schutz des ungeborenen Lebens und zu Fragen des Schwangerschaftsabbruchs sind bei der Landessynode, beim Landeskirchenrat und beim Herrn Landesbischof viele Briefe eingegangen. In Eingaben wurde eine Rücknahme der Rosenheimer Erklärung (Teil II) oder eine Überarbeitung beantragt.

Wir danken allen, die sich zustimmend oder mit Kritik an uns gewandt und auf diese Weise die Diskussion weitergeführt haben. Einige Stellungnahmen freilich enthielten auch Schlagworte und Verdächtigungen, die der Ernsthaftigkeit der in Rosenheim geführten Debatte nicht gerecht wurden. Dies bedauern wir.

Uns allen geht es darum, daß wir auch bei unterschiedlichen Auffassungen aufeinander zugehen. Wir wollen uns um gegenseitiges Verstehen bemühen. Darum wendet sich heute die Landessynode zusammen mit dem Landesbischof und dem Landeskirchenrat an Sie.

Wir wollen verdeutlichen, daß wir in vielen Grundfragen übereinstimmen, wollen aber auch nicht verschweigen, wo nach wie vor unterschiedliche Auffassungen in unserer Kirche und in der Landessynode bestehen. Dies hat sich auch im Abstimmungsergebnis zur Rosenheimer Erklärung niedergeschlagen. Teil I und III erhielten jeweils 92 Ja-Stimmen, eine Nein-Stimme bei einer Enthaltung. Teil II erhielt 55 Ja-Stimmen, 36 Nein-Stimmen bei drei Enthaltungen.

Worin alle kirchenleitenden Organe übereinstimmen

Das fünfte Gebot – Du sollst nicht töten! – ist für uns alle verpflichtend. Dieses Gebot ist aufgerichtet gegen alle Kräfte, die das Leben zerstören. Abtreibung ist Tötung menschlichen Lebens und immer mit Schuld verbunden. Wir sind uns einig: Gott ist ein Freund des Lebens. Er will das menschliche Leben, das ungeborene wie das geborene, durch unsere Kräfte und Hände schützen und bewahren. Darum setzen wir uns in allen Bereichen für den Schutz des menschlichen Lebens ein.

– Wir möchten Mut machen zum Kind. Als Christinnen und Christen sind wir dazu aufgerufen, alles uns Mögliche zu tun, damit die Freude am Kind geweckt wird und schwangere Frauen ein vertrauensvolles und hoffnungsvolles Ja zum Kind sprechen können.
– Wir treten in der Gesellschaft dafür ein, daß die Voraussetzungen verbessert werden, Eltern und Kindern Lebenschancen und eine Zukunft zu eröffnen. Alle unsere Überlegungen zielen darauf, die Zahl der Schwangerschaftsabbrüche zu verringern.
– Gesetzliche Regelungen müssen sein, aber mit Strafbestimmungen allein können die Fragen des Schwangerschaftsabbruchs nicht geregelt werden. Konkrete Hilfe im Konfliktfall und eine umfassende Verbesse-

rung der gesellschaftlichen Strukturen sind notwendig. Entsprechende frauen-, familien- und sozialpolitische Maßnahmen sind zu ergreifen.

Das ganze soziale Umfeld der schwangeren Frau muß in die Verantwortung für das ungeborene menschliche Leben genommen werden. Insbesondere müssen die Männer ihre Mitverantwortung bei der Schwangerschaft wahrnehmen.

Der Schwangerschaftsabbruch kann kein Mittel der Empfängnisregelung sein. Die Fähigkeit zu verantwortlichem Handeln in Sexualität und Partnerschaft ist zu stärken. Dies ist eine Aufgabe für Eltern und alle, die junge Menschen ins Leben begleiten.

Worin wir uns unterscheiden

Ungeachtet dieser Übereinstimmung in Grundfragen bestehen unter uns unterschiedliche Auffassungen. Wir sind uns nicht einig, wie wir in unserer Lebenswirklichkeit dem fünften Gebot und dem Liebesgebot Jesu am besten gerecht werden. In den leitenden Gremien unserer Kirche spiegelt sich damit die kontroverse Diskussion wider, wie wir sie auch in unseren Gemeinden und in den vielen Eingaben und Stellungnahmen vorfinden.

I. Die Mehrheit in der Synode bejaht folgenden Weg:
- Um das ungeborene menschliche Leben zu schützen, kommt es darauf an, die Frau für ein Ja zum Kind zu gewinnen. Wegen der engen Verbundenheit zwischen der Mutter und dem noch ungeborenen Kind kann das vorgeburtliche Leben nicht gegen die Mutter, sondern nur mit ihr geschützt werden. Deshalb soll im Konfliktfall nicht der Arzt, die Ärztin oder ein Gremium die letzte Entscheidung fällen. Diese Entscheidung der betroffenen Frau, die sie in ihrer Verantwortung vor Gott zu treffen hat, kann ihr von niemandem abgenommen werden. Sie hat jedoch ein Recht auf kompe-

tente Beratung sowie auf seelsorgerliche Begleitung und konkrete Hilfe durch flankierende Maßnahmen.
- Um Frauen und – wenn möglich auch Männer – in ihrer Verantwortung zu stärken und in ihre Verantwortung zu nehmen, soll der Staat aber nicht nur ein Recht auf Beratung einräumen, sondern zur Beratung verpflichten. Ziel der Beratung ist es, die Möglichkeiten der Hilfen aufzuzeigen, den Grundwert der Unverfügbarkeit menschlichen Lebens ins Bewußtsein zu rufen, das Gewissen zu schärfen und damit eine verantwortliche Entscheidungsfindung zu stärken.
- Die letzte Entscheidung der Frau darf nicht als ein Selbstbestimmungsrecht verstanden werden, das über das ungeborene Leben gestellt wird, sondern als Ausdruck ihrer Würde.
- Es ist sinnvoll, daß alle gesetzlichen, auch die strafrechtlichen Regelungen, die dem ungeborenen Leben dienen sollen – vor allem auch die sozialen Hilfen –, in einem Lebensschutzgesetz zusammengefaßt werden.

II. Die Minderheit in der Synode ist diesem Weg nicht gefolgt und hat dem Teil II der Rosenheimer Erklärung aus folgenden Gründen nicht zugestimmt:
- weil in dieser Erklärung durch die Festlegung auf eine letzte Entscheidung der betroffenen Mutter über den Schwangerschaftsabbruch das Leben nicht genügend geschützt ist:
- so kann sich die betroffene Mutter auch unter starken Pressionen von innen und außen befinden;
- weil der Vorrang des Lebensrechtes eines ungeborenen Kindes vor dem Bestimmungsrecht der Frau gefährdet erscheint;
- weil in dieser Erklärung die Erwartung gegenüber der Pflichtberatung viel zu hoch angesetzt ist, obgleich ihr doch keine Entscheidungskompetenz zugestanden wird;
- weil bei den Beratungskriterien das Ziel »Beratung

zum Leben« nicht deutlich genug zum Ausdruck kommt; zum Beispiel fehlt der Hinweis auf die Möglichkeit der Adoption und die Warnung vor den psychischen Folgen der Abtreibung;
- weil durch die Herausnahme aus dem Strafgesetz das Unrechtsbewußtsein bei einer Abtreibung nicht mehr erhalten werden kann;
- weil alle Hilfen und ethischen Vorstellungen, die in den Abschnitten I und III der Rosenheimer Erklärung festgestellt werden, unter den Bedingungen des Abschnitts II nicht genügend Schutz für das ungeborene Leben bieten;
- weil über die medizinische Indikation aus physischen und psychischen Gründen hinaus auch andere »Indikationen« hingenommen werden, die eine Abtreibung als letzten Ausweg zulassen und weil Teil II der Rosenheimer Erklärung auch eine modifizierte und mit einer Pflichtberatung verbundenen Fristenregelung darstellt;
- weil im Hören auf das Gebot: Du sollst nicht töten! das Leben gerade in seiner wehrlosesten und schutzbedürftigsten Phase intensiver geschützt werden soll, als dies in der Rosenheimer Erklärung faktisch geschieht.
Außerdem ist die Minderheit in der Landessynode der Auffassung, daß sich die Kirche in einer solchen Grundfrage erst dann an die Öffentlichkeit wenden soll, wenn sie eine große Übereinstimmung (magnus consensus) vorher erarbeitet hat; zumindest wäre eine Zweidrittelmehrheit geboten.

Gemeinsame Bitte an die Gemeinden

Viele Gemeindeglieder leiden mit uns unter der Situation, daß in diesen Fragen keine Übereinstimmung gewonnen werden konnte. Wir hoffen aber, daß viele Glieder unserer Kirche es als hilfreich für die eigene Urteilsbildung empfinden, wenn kirchenleitende Gremien sich in einer Diskussion ethisch wichtiger Grundfragen zu Wort melden und dabei noch bestehende Unterschiede in den Auffassungen nicht verschwiegen werden.

Auch dort, wo wir in der Frage des Schwangerschaftsabbruchs nicht zu gemeinsamen Auffassungen gekommen sind, wissen wir uns als leitende Gremien unserer Kirche in der Gemeinschaft, die uns Jesus Christus geschenkt hat, zum Schutz des geborenen und ungeborenen Lebens verpflichtet. Deshalb wollen wir Begegnungstagungen zwischen den Gemeindegliedern, die sich an uns kritisch oder zustimmend gewandt haben, und den kirchenleitenden Organen vorsehen.

Wir bitten alle Glieder unserer Kirche, Achtung für unterschiedliche Positionen aufzubringen, an den Problemen weiterzuarbeiten, im Gespräch zu bleiben und sich umfassend für den Schutz des ungeborenen menschlichen Lebens einzusetzen, um bei allem Schuldbehaftetsein dem Gebot Gottes gerecht zu werden.

6. Antwort
auf den Brief an die Gemeinden
zur Rosenheimer Erklärung (RE)

Eben habe ich den angekündigten Brief erhalten und genau gelesen.

Obwohl ich ihm skeptisch entgegengesehen habe, weil ich mir nicht vorstellen konnte, wie er auf dem schon vorher angedeuteten Wege das Problem lösen sollte, bin ich doch tief enttäuscht.

Er ist viel schlechter, oberflächlicher und nichtssagender ausgefallen, als ich befürchtete. Im Grunde stellt er nur einen Aufguß der RE dar, erweitert um ein paar sehr milde formulierte Bedenken.

Ich finde ihn unbefriedigend, ja ungenügend in der Art der Problembeschreibung, in der schwachen biblischen Begründung, auch in der Darstellung von sogenanntem Konsens und Dissens und deswegen auch in den daraus gezogenen Folgerungen.

In der vorliegenden Form ist er für mich nicht akzeptabel. Er stellt nicht einmal eine wirkliche Diskussionsgrundlage dar.

Über die fast einmütige Zustimmung der Landessynode zu diesem Text, einschließlich aller kirchenleitenden Organe, insbesondere auch des Herrn Landesbischofs, bin ich erstaunt und verwirrt.

Sie wundert mich weitaus mehr als die mehrheitliche Bestätigung der RE in Kulmbach, die zu erwarten war, wenn auch nicht in der unverminderten Zahl der Befürworter. Hat denn niemand gemerkt, daß dieser Brief in der Denk- und Argumentationsstruktur und in seiner Sprache ganz von der RE geprägt ist? Hätte das nicht stutzig machen müssen?

1. Problembeschreibung

Mit aller Selbstverständlichkeit wird in dem Brief vorausgesetzt, daß es sich zwischen Befürwortern und Gegnern der RE nur um »unterschiedliche Auffassungen« bei Übereinstimmung »in vielen Grundfragen« handele. So hat ja auch schon der Präsident der Landessynode, Dr. Haack, in seinem Aufsatz »Für eine bessere Streitkultur...« das Problem beschrieben. Dabei war er sogar präziser als der Brief, weil er zwischen dem – gemeinsamen – Ziel und den – unterschiedlichen – Wegen unterschied.

Daß sich alle Beteiligten um gegenseitiges Verstehen bemühen, sollte unter Christen selbstverständlich sein, gewährleistet jedoch noch lange nicht, daß wir uns wirklich verstehen. Verstehen wächst am besten dort, wo klare Aussagen auf der Basis der Heiligen Schrift gemacht werden, nicht wo die Gegensätze verschleiert oder beschönigt werden.

Zu einer gründlichen Behandlung unserer Streitfrage würde es gehören, erst einmal zu untersuchen, wo eigentlich die Gegensätze liegen. Es ist ja nicht von vornherein auszuschließen, daß es um mehr geht als um den Unterschied von »verschiedenen Auffassungen und Meinungen«. (Um diese würde es sich tatsächlich nicht lohnen zu streiten!)

Für mich vertieft sich bei meiner Bemühung um Klarheit und eine wirklich verantwortbare Antwort auf die Not der Abtreibung der Eindruck, daß der Gegensatz sehr tief geht.

Das tut freilich weh, auf beiden Seiten, aber es muß zugelassen werden, wenn es sich so verhält. Es darf vor allem nicht durch – die Gegenseite diffamierende – Wendungen wie »Schlagworte« oder »Verdächtigungen« verboten oder verdrängt werden. Um die christliche Wahrheit zu streiten, ist keine Schande, selbst wenn es hart auf hart geht (und das heute nur von wenigen verstanden wird).

2. »Übereinstimmung«

Ich sehe einen Schritt in die richtige Richtung darin, daß in dem Brief – im Unterschied zur Rosenheimer Erklärung – der Wortlaut des fünften Gebots zitiert wird. Allerdings macht das dann die Sache durch die Fortsetzung nicht besser, sondern schlimmer. Die Art nämlich, wie man mit dem Gebot Gottes umgeht, welche Folgerungen daraus gezogen, bzw. nicht gezogen werden, ist erschreckend.

Schon die Diktion empfinde ich mehrfach als befremdend: »Dieses Gebot ist aufgerichtet gegen alle Kräfte, die das Leben zerstören.« Was soll dies steile »ist aufgerichtet«? Würde es nicht genügen zu sagen: Es richtet sich ... oder noch besser: Gott richtet sich damit ...?

Und warum »Kräfte«? Wer wird denn im Gebot angeredet: Kräfte oder Menschen? Es ist doch zu Israel und seinen Menschen, zur Kirche und zu uns gesagt! Warum dann diese verschleiernde, die Verantwortung verschiebende Redeweise?

Wenn »Abtreibung Tötung menschlichen Lebens« ist (und das ist sie tatsächlich!), genügt es dann zu sagen, sie sei »immer mit Schuld verbunden«? Schon das »immer« finde ich bedenklich, weil es wieder verallgemeinert und – indem es auf viele Schuldige abhebt – davon ablenkt, daß es jeweils ganz konkret die Schwangere, ihr Partner und der Arzt u. a. sind, die schuldig werden. Ähnliches gilt für die Wendung im letzten Satz des Briefes »bei allem Schuldverhaftetsein«!

Das klingt, als sei die Schuld der Abtreibung tragischunvermeidlich und müsse deswegen eben hingenommen werden. Davon kann jedoch keine Rede sein. Hier wird aus der theologischen Erkenntnis von der wesenhaften Sündhaftigkeit des Menschen ein völlig unzulässiger Schluß gezogen, der jede ethische Bemühung unterminiert und darum demoralisierend wirken muß. Außerdem – warum heißt es nur »mit Schuld verbunden«? Womit ist die Abtreibung noch verbunden? Warum heißt es nicht schlicht und einfach: Es ist Schuld? Und warum nur Schuld (also die moralische Kategorie), warum schweigt man davon, daß sie Übertretung des göttlichen Gebots und also Sünde ist? Ist dieser Unterschied keinem der Synodalen aufgefallen oder steckt hier eine Absicht dahinter? Verwendet man jetzt diese beiden Worte auch schon in der Kirche promiskue? Weiter: »Gott ist ein Freund des Lebens«, ja natürlich, aber in diesem Zusammenhang, zumal im Blick auf sein Gebot, doch etwas zu »freundlich«, zu unverbindlich! Wahrscheinlich wollte man peinlich alles vermeiden, was an die Heiligkeit Gottes und den Ernst seines Gebotes erinnern könnte. Warum schreibt man im Brief einer Kirchenleitung nicht: Gott ist der Schöpfer, Erhalter und Herr des Lebens? Er schützt das von ihm geschaffene (Fehlanzeige auch hier!) Leben erst einmal selbst (auch diese grundlegende Aussage vermisse ich!) und er verpflichtet uns, dies Leben zu achten, zu lieben und darum es auf keinen Fall zu zerstören.

Das fünfte Gebot will Abtreibung nicht nur irgendwie eindämmen und die Zahl der Fälle verringern, es verbietet sie, ebenso wie es sonst die Tötung eines Menschen verbietet und übrigens auch mit schwerer Strafe bedroht: »Wer Menschenblut vergießt, dessen Blut soll auch von Menschen vergossen werden« (1. Mose 9, 6). Warum findet sich nirgends in den Texten der Synode die Aussage, die sich aus dem fünften Gebot und der Feststellung »Abtreibung ist Tötung menschlichen Lebens« logisch zwingend ergibt: Also verbietet das fünfte Gebot die Abtreibung? Warum heißt es nicht einmal – in Analogie zu dem Satz über den Krieg (Amsterdam 1948): Abtreibung soll nach dem Willen Gottes nicht sein? Warum wagt man die Übertretung des fünften Gebotes weder hier noch sonstwo als das zu bezeichnen, was sie nun einmal ist: Sünde, weil Übertretung des Willens Gottes? Eine Erinnerung an den Beschluß der zehn Gebote scheint mir hier angebracht und hilfreich!

Der Satz »Darum setzen wir uns in allen Bereichen für den Schutz des menschlichen Lebens ein« hätte sich sprachlich etwas einfacher, weniger plerophor formulieren lassen, er hätte dadurch nur gewonnen, aber er ist erfreulich richtig. Nur bleibt er inhaltlich hinter dem, was hier gefordert ist, weit zurück und genügt in keiner Weise. Als doch wohl geistlich gemeintes Wort einer Synode, das sich an Christen wendet, sind die hier gemachten Aussagen dürftig. Allen Synodalen sei dringend als Beispiel eines wirklich vollmächtigen Wortes die Stellungnahme der Selbständigen Evangelisch-Lutherischen Kirche zu unserem Thema empfohlen. Biblisch wohl begründet, theologisch-ethisch klar und zugleich seelsorgerlich spricht es alle Betroffenen an. Ich schlage vor, daß sich unsere Landeskirche dies echt lutherische Wort zu eigen macht und es – vielleicht in einer etwas gekürzten Form – in unserer Kirche verbreitet.

3. »Worin wir uns unterscheiden«

»Wir sind uns nicht einig, wie wir in unserer Lebenswirklichkeit dem fünften Gebot und dem Liebesgebot Jesu am besten gerecht werden.« Es hätte der Klärung der Aussagen sehr gedient, wenn man hier nicht nur von der Lebenswirklichkeit allgemein gesprochen hätte, sondern differenziert nach der ethischen Verantwortung des Christen einerseits und dem, was in einer nachchristlichen Gesellschaft konsensfähig und nötig ist andererseits. Das wäre von der lutherischen Zwei-Regimenten-Lehre her ja so nahe gelegen. Aber diese Denkfigur kommt nirgends vor, sehr zum Schaden der Texte.

Im Bereich des weltlichen Regiments sind nicht nur »gesetzliche Regelungen« nötig (wenigstens das wird im Brief anerkannt), sondern eben auch Strafbestimmungen. Alles andere geht an der Wirklichkeit des sündigen Menschen und dem Wesen des Staates und seiner Aufgaben vorbei. Es irritiert mich sehr, von einer lutherischen Synode solch schwärmerisch unlutherische Aussagen über den Staat zu vernehmen wie hier. Es wäre vielmehr Aufgabe der Kirche und ihrer Synoden, dem Staat als »aufhaltendes Element« gegen das Böse bei seiner schweren Aufgabe den Rücken zu stärken und Mut zu machen, das Lebensrecht der ungeborenen Kinder auch durch Strafandrohungen wirksamer zu schützen als bisher. (Daß er daneben, genauso wie die Kirche noch vieles andere tun kann und soll, steht auf einem anderen Blatt.)

Für äußerst bedenklich halte ich im Bezug auf das Gebot Gottes die quantitative Ausdrucksweise, die mehrfach auftaucht, so auch in dem Satz »am besten gerecht werden«: Als ob es genügte, wenn wir dem Gebot Gottes einigermaßen, annähernd o. ä. entsprechen. Steckt hier nicht der Gedanke dahiner, das Gebot Gottes an unsere – schwache – Kraft und unsere – gottferne – Wirklichkeit irgendwie anzupassen, sozusagen einen lebbaren Kompromiß zu finden zwischen den hohen Forderungen des Gebots und unseren schwachen Möglichkeiten? So ist jedoch das Gebot nicht gemeint. Man vergleiche dazu etwa die Auslegung des Willens Gottes durch Jesus, besonders in der Bergpredigt! Eine teilweise Erfüllung genügt Gott nicht. Der Brief scheint das Gebot Gottes nicht ganz ernst zu nehmen, mißversteht es als Ideal, dem man sich annähern kann. Oder – noch schlimmer – er hinterläßt beim Leser den Eindruck: So genau wird es Gott schon nicht nehmen.

Nun wird hier doch noch die »kontroverse Diskussion« genannt, die man ja nach einer solchen, nie dagewesenen Fülle von meist kritischen Eingaben und Anträgen schlecht leugnen kann. Aber worin liegt eigentlich der Kontroverspunkt? Darf es in der Kirche überhaupt eine »kontroverse Diskussion« über ein Gebot und seine Einhaltung geben? Abgesehen von den seltenen Konfliktfällen, wo Leben gegen Leben steht (auch sonst etwa bei der Notwehr und Nothilfe u. ä.) doch nicht! Wir haben das Gebot Gottes nicht »kontrovers« zu diskutieren, sondern es zu predigen, zu halten und zu tun. Die Kontroverse entsteht, weil m. E. die Mehrheit der Synode das nicht wahrhaben will und nicht ernst nimmt. Natürlich will sie das fünfte Gebot auch gelten lassen (wie könnte sie anders, ohne das Recht, kirchliche Synode zu sein, aufs Spiel zu etzen!), andererseits aber trotzdem noch für die Abtreibung Möglichkeiten, gewissermaßen ein Hintertürchen offen lassen, weil sie anscheinend meint, den Frauen einen Dienst zu erweisen und diesen den Frauen und der heute herrschenden Mehrheitsmeinung schuldig zu sein. Hier gehen wohl die Motive durcheinander.

Deswegen räumt die Synode mehrheitlich der schwangeren Frau – trotz fünftem Gebot – eine Entscheidungsfreiheit ein. Damit gerät dieser Teil der Synode aber in Konflikt mit dem fünften Gebot und übrigens in einen Selbstwiderspruch, weil die »Unverfügbarkeit« des menschlichen Lebens eben diese Entscheidung verbietet. Beides läßt sich schon logisch nicht miteinander vereinbaren und theologisch erst recht nicht. In diesem Entscheidungsrecht der Frau gar einen »Ausdruck ihrer Würde« zu sehen, das ist die Höhe, es grenzt für mich an ärgerniserregenden Unsinn. Welche »Würde« verleiht es der Frau denn, einen Menschen töten zu können oder sogar zu dürfen? Das könnte ja nur eine gottähnliche Würde sein. Ist sich die Synode bewußt, daß sie mit dieser Aussage in die Nähe dessen gerät, was biblisch die Ursünde darstellt: »Ihr werdet sein wie Gott« (1. Mose 3, 5)?

Ein Entscheidungsrecht über das Leben des Ungeborenen besitzt die Frau nicht, natürlich auch nicht der Vater, nicht der Arzt, nicht die Gesellschaft, außer Gott überhaupt niemand. Darin hätte die einzig richtige theologische Auskunft bestehen müssen. Alles andere ist Ausdruck menschlichen Wahns und Anmaßung. So wie Luther vom freien Willen sagt, daß er ein leerer Begriff sei ohne Grundlage in der Wirklichkeit, so müßte es einer christlichen Synode eigentlich einsichtig zu machen sein, daß diese angebliche Entscheidung der Frau ein leerer Begriff ist, ohne Grundlage in der Wirklichkeit des Menschen. Deswegen trägt auch der immer wieder zitierte Satz, daß gegen ihren Willen das Leben des Ungeborenen nicht geschützt werden kann, nichts aus: Faktisch ist dies sicher richtig, doch damit wird es weder juristisch noch christlich-ethisch richtig. Dies müßte doch zu unterscheiden sein!

Der hier im Brief – in starker Anlehnung an die Rosenheimer Erklärung – beschriebene »Weg« zum Schutz des »ungeborenen Lebens« (warum fügt man nicht »menschlichen« hinzu?) scheint mir kein für Christen gangbarer Weg zu sein, kein Weg im Gehorsam gegen das fünfte Gebot, sondern ein Abweg und Irrweg. Diesen kann man nur einschlagen, wenn man sich über die strenge Geltung des fünften Gebots hinwegsetzt. Es stehen sich hier nicht zwei gleichwertige Wege zur Einhaltung des fünften Gebots gegenüber und damit zur Diskussion, sondern zwei ganz gegensätzliche, nämlich das Gebot zu halten oder es zu brechen (Matth. 7, 13, 14). So stellt sich die Kontroverse denen dar, die der Rosenheimer Erklärung theologisch – nicht etwa emotional – widersprechen. Wir können der Synodenmehrheit die ernste Frage nicht ersparen, wie sie sich traut, das, was sie da beschlossen hat, vor Gott und seinem Gebot zu verantworten. Diese Hauptfrage findet in dem Brief keine Berücksichtigung. Um des – falschen – Konzepts von den beiden verschiedenen Wegen willen hat man sie anscheinend unterdrückt und im übrigen auch die anderen Anfragen und Kritikpunkte zurechtgestutzt und ihnen ihre eigentliche Spitze abgebrochen.

Im einzelnen: Das Leben des ungeborenen Kindes wird durch Rosenheimer Erklärung II nicht nur »nicht genügend geschützt«, sondern es wird unter Aufweichung des fünften Gebots der Entscheidung der Mutter preisgegeben, ihm damit der ihm zustehende Schutz Gottes, des Gesetzes, der Kirche geraubt. Darin sehe ich einen schweren Verstoß gegen das – im Brief auch angeführte – Liebesgebot Jesu.

»Der Vorrang des Lebens eines ungeborenen Kindes vor dem Bestimmungsrecht der Frau« erscheint mir in der Rosenheimer Erklärung nicht nur gefährdet, sondern nicht mehr gegeben oder gewährleistet zu sein.

Zur Warnung vor den physischen und psychischen Folgen einer Abtreibung verweise ich ergänzend auf die gute Sendung des ZDF »Gesundheitsmagazin Praxis« vom 5. 12. 1991.

Die Hilfen und Forderungen von Rosenheimer Erklärung I und III dürfen – bei aller Berechtigung – nicht zur

Voraussetzung oder Bedingung für den Lebensschutz des ungeborenen Kindes gemacht werden, so als ob dieser erst ernst zu nehmen sei, wenn alle diese Forderungen erfüllt sind. Noch deutlicher: Schlechte soziale Bedingungen heben den Lebensschutz und das fünfte Gebot nicht auf.

Schließlich – wieder einen ärgerlichen Komparativ kritisierend: »Das Leben in seiner wehrlosesten und schutzbedürftigsten Phase« (wie wahr!) soll nicht nur »intensiver geschützt werden«, das ist zu wenig! Es soll unbedingt geschützt werden, es muß von Christen unbedingt geachtet werden, es darf um keinen Preis – außer wenn es das Leben der Mutter bedroht – getötet werden. Es wird durch nichts von dem, was etwa bei einer sogenannten sozialen Indikation angeführt werden kann, aufgewogen. All' das wiegt nicht schwer genug gegen das menschliche Leben.

Dazu möchte ich einige Sätze zu bedenken geben, die ich vor vielen Jahren las, die mich damals tief bewegten, so sehr, daß ich sie über Jahrzehnte in Erinnerung behielt, und die ich auch heute für richtig halte: »Darum ist dies das letzte Wort des Theologen an den Arzt« (und ich füge hinzu, auch an die Mutter, den Vater usw.) ». . . : Ich kann dir kein Recht geben zu töten, denn ich bin nicht Herr über Gottes Wort, das uns gemeinsam bindet . . . Es ist, so schwerwiegend diese zusammenfassende Aussage auch empfunden wird, unmöglich, den Eingriff, selbst aus medizinischer Indikation, zu ›rechtfertigen‹ . . . Aber je mehr man sich in die Dinge vertieft, desto deutlicher erkennt man, daß es keine andere Lösung gibt, als die hier vorgetragene – oder man muß entschlossen aufhören, Christ zu sein« (Günther Stratenwerth, zitiert nach »Christliche Daseingestaltung«, S. 199–201).

Wenn wir mit dem Gebot Gottes Ernst machen, haben wir keine Wahl, kein Entscheidungsrecht über menschliches Leben. Ich verstehe nicht, wie in der Synode so viele glaubende Christen, gebildete und in der Bibel gegründete Vertreter unserer Kirche, diesen einfachen, klaren Schluß nicht ziehen können oder wollen. Daß in einer im Grunde einfachen, eindeutigen, übersichtlichen Fragestellung eine solche Verwirrung, eine derartige Unsicherheit des Urteils sich einschleichen konnten, davor stehe ich mit fassungslosem Unverständnis.

Doch nun hat sich die Synode auf den falschen Weg festgelegt. Ich teile den Eindruck eines früheren Dekans, der mir sagte: »Die Landessynode hat sich verrannt und kommt aus der Sackgasse nicht mehr heraus.« Doch es gibt aus jeder Sackgasse einen Ausweg: Wenn man umkehrt. Auch wenn die Chancen dazu menschlich gesehen minimal sind, bitte ich die Mehrheit der Landessynode, die in Kulmbach die Rosenheimer Erklärung bestätigt hat, umzukehren. Das wäre ein wahrhaft christlicher Weg und der einzige Ausweg aus dieser Sackgasse.

4. *Schluß*

»Viele Gemeindeglieder leiden unter der Situation, daß in diesen Fragen keine Übereinstimmung gewonnen werden konnte.« Das ist nur allzu wahr. Doch wer anders als die Landessynode hat das zu verantworten? Sie hat unnötigerweise den Streit vom Zaun gebrochen, als sie über die Rosenheimer Erklärung eine Abstimmung erzwang, ohne sich genügend um Einmütigkeit zu bemühen. Gegen den Einspruch einer großen, qualifizierten Minderheit hat sie voreilig eine in sich widersprüchliche, nicht genügend biblisch begründete und in ihren Konsequenzen für Kirche und Gesellschaft unbedachte Erklärung verabschiedet. Damit hat sie Streit gesät und darf sich nun nicht wundern, wenn sie Widerspruch erntet. Es steht dabei mehr auf dem Spiel als »Auffassungen und Meinungen«. Es geht letztlich um den rechten Gehorsam gegen Gottes Gebot. Ich bestreite der Synode nicht die Ernsthaftigkeit der Debatte, doch ich kann ihr den

Vorwurf nicht ersparen, am biblischen Ernst des Themas vorbeigegangen zu sein, ebenso wie der Brief daran vorbeigeht.

7. Warum wir der Rosenheimer Erklärung widersprechen müssen
Grundsatzreferat bei der ersten Begegnungstagung in Nürnberg

Wir sind hierhergekommen, um die durch die Rosenheimer Erklärung (= RE) aufgeworfenen Probleme offen, klar und kontrovers zu diskutieren und in aller Öffentlichkeit unseren entschiedenen Widerspruch zu dokumentieren. Denn Ansatz, Begründung, Methode und Ergebnisse der Äußerungen der Synode zur Abtreibung enthalten solche Mängel und Irrtümer, daß sie für uns nicht konsensfähig oder akzeptabel sind. Wir fordern deshalb erneut unter Berufung auf Schrift und Bekenntnis die Abänderung der Rosenheimer Erklärung in wesentlichen Punkten.

Zu meiner Vorbereitung auf die heutige Tagung habe ich mir gestern die Rosenheimer Erklärung noch einmal durchgelesen. Ich fand sie noch unklarer, unvollständiger, unausgewogener und einseitiger als ich sie in Erinnerung hatte. Einseitiger vor allem deswegen, weil sie überwiegend die Rechte und Nöte der Frau und Mutter vertritt, aber sehr einsilbig wird, wenn es um das ungeborene Kind geht. Darum will ich und muß ich mich hier in erster Linie zum Anwalt für das ungeborene Menschenkind machen.

Ich halte es für um so notwendiger, diesen unseren Widerspruch hier vorzubringen, als der sogenannte Kulmbacher »Brief an die Gemeinden« dies nicht genügend tut. Die Einwände gegen die Rosenheimer Erklärung werden dort geschönt und entschärft. Es geht nicht nur um verschiedene Meinungen und Ansichten über den Weg zum gleichen Ziel, sondern darum, daß wir der Landessynode den äußerst schwerwiegenden Vorwurf nicht ersparen können, Gottes Wort und Gebot in der Rosenheimer Erklärung nicht genügend ernst genommen zu haben. Wenn die Synode in einer wichtigen Entscheidung und Wegweisung zur Frage der Abtreibung nirgends das fünfte Gebot zitiert, so stellt schon das ein schweres Manko dar. Auch sonst entbehrt der zweimal mehrheitlich beschlossene Text einer biblischen Grundlegung. Er ist nicht spürbar vom Wortlaut und Geist der Heiligen Schrift getragen.

Wir werden hier zu Zeugen eines Vorgangs, der an die Grundlagen unserer Kirche rührt: Die Kirche des Wortes, die das Wort Gottes zum alleinigen Grund ihres Glaubens hat (sola scriptura), ist dabei, eben diesen Grund – in entscheidenden Fragen – zu verlassen. Sie folgt den Moden des Zeitgeistes und nicht mehr der unbequemen Stimme Jesu Christi. Angesichts dieser Tatsache wirkt das eben begonnene »Jahr der Bibel« auf mich wie ein Hohn. Die Unkenntnis vieler Menschen in Bezug auf die Bibel mag bedauerlich sein. Für wirklich katastrophal halte ich die Tatsache, daß Christen in einem kirchenleitenden Organ die Bibel wohl kennen, aber ihr nicht folgen wollen, ihre Weisungen nicht ernst nehmen.

Ich bin kein biblizistischer Fundamentalist, aber ich mache mir ernste Sorgen über den Verlust des biblischen Denkens und der biblischen Begründungen in unserer Kirche. Ich frage mich mit dem Gesangbuchvers Nikolaus v. Zinzendorfs: »Wenn dein Wort nicht mehr soll gelten, worauf soll der Glaube ruhn?« (Lied 438, 1). Wir erleben über den aktuellen Anlaß hinaus hier eine Erschütterung der Fundamente, die etwas Bedrohliches, ja geradezu Apokalyptisches an sich hat.

Wegen der Kürze der Zeit vermag ich nur auf einige

Stichworte und Gesichtspunkte einzugehen, die in der Rosenheimer Erklärung eine Rolle spielen. Für eine ausführliche Darstellung des Themas verweise ich auf meinen Aufsatz, der in der Januar-Nummer des Korrespondenzblattes erschienen ist (Im Buch: S. 111 ff).

1. Der vorgeburtliche Mensch

Ich gehe mit der Bibel (»Du hast *mich* gebildet im Mutterleibe... Psalm 139, 13 ff.) und der modernen Humanbiologie / Genetik davon aus, daß es sich beim Ungeborenen um einen Menschen von Anfang an handelt, wie das anscheinend auch die Synode tut, obwohl sie das niemals so deutlich ausspricht. Damit trägt der Mensch von der Zeugung an Gottes Ebenbild, hat Teil an der »fremden Würde«, die Gott jedem Menschen verleiht, die ihm nicht von der Mutter oder anderen Menschen erst verliehen werden muß. Jeder Embryo ist von Gott geschaffenes, geliebtes, angenommenes, grundsätzlich eigenständiges menschliches Leben.

Das Leben des ungeborenen Menschenkindes steht deshalb ebenso unter dem Schutz Gottes wie jedes andere menschliche Leben.

Es gehört Gott und ist insofern heilig, unantastbar, unverfügbar.

Das Menschenrecht auf Unverletzbarkeit gehört ihm genauso wie dem geborenen Menschen. (Vgl. dazu auch die Entscheidung des BVG von 1975.)

2. Tötungsverbot

In der gefallenen Welt schützt Gott das gefährdete menschliche Leben ausdrücklich durch sein Gebot.

Nicht erst im Mosaischen Gesetz, sondern schon im Noachitischen Bund verbietet Gott die Tötung des Menschen durch den Menschen und stellt jede Übertretung dieses Urverbots unter schwere Strafe in dem uralten

Rechtssatz: »Wer Menschenblut vergießt, dessen Blut soll auch von Menschen vergossen werden«, und begründet das ausdrücklich mit der Gottebenbildlichkeit des Menschen: »Denn Gott hat den Menschen zu seinem Bilde gemacht« (1. Mose 9, 6). Wer den Menschen tötet, tastet in ihm Gottes Bild an.

Das fünfte Gebot des Sinaigesetzes wiederholt dies Tötungsverbot in der Form des apodiktischen Gottesrechts (also ganz allgemein und grundsätzlich): »Du sollst nicht töten / morden!«

Das Recht über Leben und Tod des Menschen ist das Vorrecht des göttlichen Schöpfers. Niemand, buchstäblich kein Mensch besitzt das Recht, in dieses Herrenrecht Gottes einzugreifen.

Das Tötungsverbot ist menschlich gesehen schon deshalb nötig, weil die gegenseitige Zusicherung der Unverletzlichkeit des Lebens die Grundlage jeder menschlichen Gesellschaft bildet.

3. Die Mutter und ihr angebliches Entscheidungsrecht

Alles bisher Gesagte gilt auch für die Mutter und ihr ungeborenes Kind, d. h. Abtreibung soll nach Gottes Willen nicht sein, denn »Abtreibung ist Tötung menschlichen Lebens« (Rosenheimer Erklärung). Wegen der Menschennatur des Ungeborenen und der Unverfügbarkeit menschlichen Lebens besitzt die Mutter ihm gegenüber keine Entscheidungsfreiheit oder Entscheidungsrecht. Schon deswegen ist die Rosenheimer Erklärung irreführend und falsch, weil sie in ihrem II. Teil – gehäuft – von der Entscheidung der Mutter spricht. Wenn die Mutter sich durch eine Abtreibung gegen das Leben ihres Kindes entscheidet, so wirft sie sich zum Herrn über Leben und Tod eines Menschen auf und maßt sich damit die Verfügungsgewalt Gottes an. Sie zerstört in vermessener Entscheidungsfreiheit gottgeschaffenes menschliches Leben und verstößt damit gegen das fünfte Gebot und gegen das Doppelgebot der Liebe, d. h. den Sinn des fünften Gebots, wie ihn uns Jesus in der Bergpredigt ausgelegt hat. Dies »Entscheidungsrecht« der Frau gar als Ausdruck ihrer Würde zu bezeichnen (vgl. Kulmbacher Brief), offenbart die ganze Falschheit, ja Perversion des Denkens und der Theologie von Rosenheim. Welche »Würde« soll es denn der Frau verleihen, ihr ungeborenes Kind in ihrem Schoß töten zu »dürfen«? – Es ist mir von daher unbegreiflich, wie ein Text, der diesen Satz enthält, die Zustimmung fast der gesamten Kirchenleitung finden konnte!

4. Der wahre Ort der Verantwortung und Entscheidung

Bei der Abtreibung kommt die Entscheidung zu spät. Die Stunde der gebotenen Entscheidung liegt früher: *Vor* der Zeugung und Empfängnis. Sofern eine Schwangerschaft nicht durch eine Vergewaltigung entstand, ist sie mit Einwilligung der Frau zustande gekommen. Mindestens haben sie und der Mann die Möglichkeit der Entstehung einer Schwangerschaft in Kauf genommen. Sie hatten die Wahl, Leben entstehen zu lassen oder nicht. Wenn sie ein Kind zeugten, obwohl sie keines haben wollten / konnten, haben sie mindestens fahrlässig und unverantwortlich gehandelt und besitzen kein Recht, sich später darüber zu beklagen. Die ganze notvolle Problematik der Abtreibung gäbe es nicht so häufig, wenn – wenigstens christliche – Partner mit ihrer Geschlechtlichkeit so verantwortungsvoll umgingen, daß sie nicht die Zeugung ungewollten Lebens riskierten. Wenn sie dennoch ungewollt Eltern geworden sind, gibt es – abgesehen von seltenen Ausnahmen – christlich gesehen nur noch *eine* verantwortliche Entscheidung: Das neue Leben anzunehmen und ihm die geschuldete Liebe zu schenken. Alles andere kann ich nur als Flucht vor der Verantwortung ansehen. Das müßte in der Rosenheimer Erklärung noch viel deutlicher zum Ausdruck kommen.

5. Verantwortung

Mit dem Wort Verantwortung geht man in der Rosenheimer Erklärung – wie mit der Entscheidung – fahrlässig um: Es wird der Eindruck erweckt, als könnte die Mutter eine Abtreibung – wenigstens in Konfliktfällen – verantworten.

Dabei verwendet man das Wort »Verantwortung« in seiner heutigen, leider abgegriffenen Bedeutung. Ursprünglich heißt Verantwortung: Jemandem Antwort geben für das eigene Tun, hier nämlich Gott. Solche Antwort, Rechenschaft, *müssen* wir Gott für all unser Tun geben (ob wir wollen oder nicht). Wir müssen uns vor ihm für alles verantworten, auch für das, was wir nicht verantworten können. Daran erinnert allerdings das Wort der Synode nirgends. Verantwortung vor Gott ist eine viel ernstere Sache als die Rosenheimer Erklärung uns glauben machen will. Darauf wollte wohl auch der Herr Landesbischof mit seiner geänderten Formulierung hinweisen. Es wäre sachgemäß, hier statt von Verantwortung von unserer unausweichlichen Verpflichtung gegenüber Gott, seinem Gebot und dem ungeborenen Menschen zu sprechen.

Ich begreife auch nicht, wie sich die Synode die gedankenlose, wenn nicht gottlose Redeweise zu eigen machen konnte, daß das Kind nicht gegen den Willen der Frau geschützt werden könne. Sollte das mehr sein als eine ohnmächtige Tatsachenfeststellung, läuft das eben doch auf ein völlig autonomes Verfügungsrecht der Frau über ihr Kind hinaus. Es klingt so, als sei der Wille der Frau letztlich entscheidend – und nicht der Wille Gottes. Man will sie wirklich Richterin in eigener Sache sein lassen, obwohl sie zudem Partei und damit befangen ist. Das halte ich für eine Bankrotterklärung christlicher Ethik. Waltet der Wille Gottes nicht mehr über der Mutter und ihrem Kind? Christlich müßte der Satz lauten: Das Kind kann nur durch den lebenschützenden Willen und Gebot Gottes wirksam geschützt werden, es darf nicht gegen seinen Willen getötet werden. Darf man christliche Frauen und Mütter nicht mehr daran erinnern, daß sie gerade nach dem Liebesgebot verpflichtet sind, ihr ungeborenes Kind zu lieben wie sich selbst? Die Synode tut das nicht eindeutig genug.

Und Christus liebt die Schwachen und Kleinen: Das ungeborene Kind ist immer der schwächste Partner im Konflikt, noch schwächer als die Mutter!

6. Konfliktfälle

Nun spricht ja auch die Rosenheimer Erklärung das Entscheidungsrecht zur Abtreibung der Frau nur in Konfliktfällen zu. Hier überhaupt den ethischen Konflikt zwischen dem Recht der Mutter und dem des Kindes zu sehen, stellt sicher einen Fortschritt der gegenüber dem sogenannten »Menschenrecht auf Abtreibung« bei den Vertretern der Fristenlösung. Damit wird wenigstens anerkannt, daß auch das ungeborene Menschenkind ein Recht besitzt. Tatsächlich zwingen Konfliktentscheidungen in Konfliktfällen manchmal zum Durchbrechen von Grundsätzen.

Es kommt aber alles darauf an, wie der Konflikt liegt, ob es sich um einen echten ethischen Konflikt handelt oder nicht. Beim echten ethischen Konflikt geht es um die Wahl zwischen zwei Übeln oder zwei Gütern bzw. Rechten, wobei man das kleinere Übel wählen oder das größere Gut herausfinden muß. Dabei wird vorausgesetzt, daß zwei annähernd gleichwertige Güter oder Rechte, oder gleich schwerwiegende Übel zur Wahl stehen.

Die Rosenheimer Erklärung verwendet das Wort Konflikt in einem anderen Sinn: Die Mutter gerät in Konflikte (Mehrzahl!) Bei der Abtreibung liegt ein solcher Konflikt vor, wenn das Leben der Mutter durch das Kind bedroht wird (Medizinische Indikation). Dagegen handelt es sich bei der sogenannten sozialen Indikation (oder auch Psychosozialen Indikation) zwar um Konflikte im landläufigen Sinn, jedoch nicht um einen echten, ethischen Konflikt, denn bei der Abtreibung geht es für den Ungeborenen tatsächlich um das Ganze, ums Leben, für die Mutter dagegen nicht. Für sie stehen wohl wichtige Dinge auf dem Spiel, aber nicht die physische Existenz.

Das nenne ich einen schiefen Konflikt oder einen ethischen Scheinkonflikt. Denn es müßte jedem rechtlich denkenden Menschen klar sein, daß nichts von dem, was hier als Not der Mutter genannt wird, das Leben des Kindes »aufwiegt«.

Beim geborenen Kind würde man eine Mutter ja auch nicht entschuldigen, die aus solchen Gründen ihr Kind tötete.

Deswegen ist die Formulierung der Rosenheimer Erklärung in dem umstrittenen Spitzensatz ungenau und mißverständlich und kann in dieser Form nicht bestehen.

7. »Ausnahmen« vom Gebot

Es wird von seiten der Befürworter der Rosenheimer Erklärung eingewendet, daß ein absolutes Tötungsverbot sich in der gefallenen Welt nicht durchhalten läßt. Dem muß ich leider grundsätzlich zustimmen. Ich würde allerdings nicht von »Ausnahmen« vom 5. Gebot sprechen, sondern von paradoxer Erfüllung: Wenn etwa zum Schutz oder zur Rettung menschlichen Lebens das Leben anderer Menschen aufs Spiel gesetzt werden muß.

Gerade weil es sich hier um eine schwierige und notvolle Entscheidung handelt, sollte man sie sehr sorgfältig bedenken und möglichst selten von solchen »Ausnahmen« Gebrauch machen. Nur dort, wo es um die Abwehr eines Angriffs auf das menschliche Leben geht, der nicht anders abgewehrt werden kann als durch die Tötung des Angreifers, ist Tötung eines Menschen ethisch denkbar, wenn auch nicht gerechtfertigt, wie leider fälschlich gesagt wird. Das gilt insbesondere für die individuelle und kollektive Nothilfe. Dagegen vermag ich nicht zu sehen, wieso die Abtreibung – außer bei medizinischer Indikation – hierher gehören soll, bzw. warum man bei ihr eine Ausnahme vom Tötungsverbot zulassen will. Auf diese Weise droht die Unverfügbarkeit des menschlichen Lebens »durchlöchert« und die Ehrfurcht vor dem menschlichen Leben in Frage gestellt zu werden. Selbst wenn die Rosenheimer Erklärung das nicht will, drückt sie sich so fahrlässig und mißverständlich aus, daß sie einem leichtsinnigen Umgang mit dem ungeborenen Leben Vorschub leistet.

8. *Gesellschaftspolitische Ziele der Rosenheimer Erklärung*

Was will die Rosenheimer Erklärung eigentlich? Eine Synodalin, die dafür gestimmt hat, sagte mir, sie wollte durch die Verabschiedung menschliches Leben schützen und die Zahl der Abtreibungen verringern helfen. Ich muß ihr abnehmen, daß sie es ehrlich meinte und im guten Glauben gehandelt hat. Das fällt mir jedoch sehr schwer, da ich die Logik, die hinter ihren Worten steckt, nicht verstehe. Für mich klingt das geradezu absurd: Ihr müßt die Abtreibung »entkriminalisieren«, aus dem Strafgesetz herausnehmen, dadurch noch mehr als bisher erleichtern, – damit *weniger* abgetrieben wird.

Wer soll denn einen solchen weltfremden, an der Wirklichkeit des Menschen vorbeigehenden Unsinn verstehen und ernst nehmen? Hier rächt es sich übrigens, daß man die lutherische Unterscheidung der beiden Regimente nicht mehr kennt oder kennen will. So vermischt man seelsorgerliche Überlegungen mit solchen des Rechtswesens und der Politik und stiftet eine heillose Verwirrung.

Wie immer auch es dazu gekommen sein mag – der Rat, den die Rosenheimer Erklärung den Politikern und den Christen gibt, ist schlecht. Er schützt das ungeborene Leben nicht und treibt die Frauen damit in Schuld und Sünde und bürdet ihnen allein die Last einer untragbaren Verantwortung auf. Er schützt also auch die Frauen nicht, hilft ihnen nicht, sondern schadet ihnen ebenso wie ihren Kindern.

Zudem: Einerseits fordert man die Aufnahme neuer Strafbestände ins Strafgesetz. Andererseits will auch eine christliche Synode diesen schwerwiegenden Tatbestand der Tötung eines ungeborenen Menschen aus dem StGB streichen und entfernen! Wer vermag diesen Widersinn noch zu verstehen? Wie will die Synode das ernsthaft begründen?

Fazit

Nicht nur für das ungeborene Kind geht es bei der Abtreibung um Leben oder Tod, sondern in einem tiefen Sinn auch für die Mutter, den Vater, das sogenannte soziale Umfeld, den Arzt, unsere Synode, unsere Kirche, den Bundestag und unser ganzes Land. So ernst ist das!

Hunderttausendfache Blutschuld legt sich Jahr für Jahr auf uns alle. Ich lese deswegen mit tiefer Beunruhigung die biblischen Drohungen, z. B. an Kain: »Verflucht seist du auf der Erde, die ihr Maul aufgetan hat und deines Bruders Blut von deinen Händen empfangen... Die Stimme des Blutes deines Bruders schreit zu mir von der Erde« (1. Mose 4, 10, 11).

Uns gilt die dringende Mahnung Gottes an sein Volk: »Siehe, ich habe dir heute vorgelegt das Leben und das Gute, den Tod und das Böse... Ich habe euch Leben und Tod, Segen und Fluch vorgelegt, damit du das Leben wählst...« (5. Mose 30, 15–19). Es tut Not, in diesem Zusammenhang an den Beschluß der zehn Gebote im Kleinen Katechismus Martin Luthers zu erinnern: »Gott drohet zu strafen alle, die diese Gebote übertreten; darum sollen wir uns fürchten vor seinem Zorn und nicht wieder solche Gebote tun.«

Schließen möchte ich mit einem Zitat, das mich seit vielen Jahren beim Nachdenken über diese ernste Frage begleitet und mir zu schaffen macht: »Darum ist dies das letzte Wort des Theologen an den Arzt« – man könnte einfügen: auch an die Mutter und alle an einer Abtreibung Beteiligten –: »Ich kann dir kein Recht geben zu töten, denn ich bin nicht Herr über Gottes Wort, das uns gemeinsam bindet... Es ist unmöglich..., den Eingriff zu rechtfertigen... Je mehr man sich in die Dinge vertieft, desto deutlicher erkennt man, daß es keine andere Lösung gibt... oder man muß entschlossen aufhören, Christ zu sein« (G. Stratenwerth, zitiert nach »Christliche Daseinsgestaltung«, S. 199/201).

8. Die Verantwortung des Mannes im Schwangerschaftskonflikt

Erklärung des Männerausschusses der Landessynode der Evang.-Luth. Kirche in Bayern

I. Grundüberlegungen zu einer Bestimmung des Mannes und seiner Geschlechtlichkeit

Kirchliche Stellungnahmen weisen mit Recht darauf hin, welche ausschlaggebende Rolle die Einstellung und Wertorientierungen beim Schutz des ungeborenen Lebens spielen (Gemeinsame Erklärung des Rates der EKD und der Deutschen Bischofskonferenz).

In der Erklärung der Landessynode von 1986 heißt es: »Es bedarf heute einer umfassenden Sinnesänderung und neuer Einsicht in das, was Leben gelingen läßt.« Männer tragen in diesem Veränderungsprozeß eine besondere Verantwortung, denn er trifft sie in ihrer Grundeinstellung gegenüber Frauen, Kindern und der Sexualität.

Wie die Frauen sind sie dazu herausgefordert, ihre Identität zu finden und zu entwickeln, ihr Mann-Sein ohne »Herr-Sein« zu definieren. Männlichkeit und Herrlichkeit sind nicht deckungsgleich, so wenig die »Herrlichkeit« Gottes nur männlich interpretierbar ist. Wo auch immer in der christlichen Tradition ein Begründungszusammenhang zwischen »Gott-Herr« und »Mann-Herr« hergestellt wurde, ist dies als ein Irrweg zu erkennen, der verlassen werden muß. Dasselbe gilt auch für die Gleichung »Gott-Vater« und »Herr-Vater«.

Die kaum realisierten, vielfach verletzten Forderungen Jesu lauten: »Ihr sollt niemand Vater heißen auf Erden; denn einer ist euer Vater, der im Himmel ist« (Matth. 23, 9).

»Aber so ist es unter euch nicht; sondern wer groß sein will unter euch, der soll euer Diener sein« (Markus 10, 43).

»Wahrlich, ich sage euch: Es sei denn, daß ihr euch umkehret und werdet wie die Kinder, so werdet ihr nicht ins Himmelreich kommen« (Matth. 18, 3).

Die Umkehr zu dieser Platzanweisung Jesu bedeutet für den Mann:
- daß er befreit ist von Erwartungen, die er nicht erfüllen kann (z. B. Beschützer- und Ernährerrolle, ständige Führungskraft, den starken Mann spielen müssen) und stattdessen das gemeinsame Leben und Arbeiten in gegenseitiger Fürsorge und Achtung gestaltet.
- daß er befreit ist von Selbstbehauptung und Herrschaftsansprüchen, unter denen vor allem Frauen und Kinder zu leiden haben, und stattdessen Verantwortung übernimmt für den schwächeren Teil.
- daß er befreit ist von der Überichrolle, von der Dominanz für Moral und Sitte, von der »Letzt-Instanz« für Belohnung und Bestrafung; und stattdessen seine Ge-

wissensentscheidungen an der Entwicklung und Entfaltung des Lebens ausrichtet, gerade wo es schutzbedürftig und wehrlos ist,
- daß er befreit ist von seinen Allmachtsphantasien und von der Aufgabe, sich die Erde und die Frauen untertan zu machen; und stattdessen seine Macht und Potenz einsetzt, um der Frau als Partner zur Seite zu stehen und daß er seine Begabungen und Fähigkeiten in diese Partnerschaft einbringt.
- daß er befreit ist von einer verdrängten und beziehungslosen Sexualität zur Liebesfähigkeit, zu ganzheitlicher Wahrnehmung der Person, zu beglückender Sexualität und zur Partnerschaft,
- daß er befreit ist, ganz Mann zu sein, der seine Gefühle nicht mehr beherrschen und unterdrücken und die Verdrängungen und Verletzungen seiner Gefühlswelt nicht mehr an den Frauen und Kindern bestrafen muß; stattdessen mit der Frau auch die Last der Verletzung seiner Gefühle teilt,
- daß er befreit ist, Leben zu schützen und nicht zu vergewaltigen: daß er stattdessen ein volles Ja sagt zu seiner Rolle als Erzeuger des Lebens, einschließlich verantwortlicher Empfängnisverhütung.

Die Umkehr zu Gott, dem Liebhaber des Lebens, ist für Männer ein einschneidender, aber verheißungsvoller Weg.

II. Die Verantwortung des Mannes im Schwangerschaftskonflikt

1. Ein Schwangerschaftskonflikt liegt vor, wenn eine Frau ungewollt schwanger wird und dadurch ihre Lebenssituation und Lebensperspektive durch das in ihrem Körper werdende Leben tiefgreifend betroffen ist. Daß zwei Leben so miteinander verbunden und so voneinander abhängig sind, gibt es nicht noch einmal.

2. Der Mann muß die Tatsache respektieren und an-

erkennen, daß die Frau von einer Schwangerschaft in ihrer ganzen Existenz betroffen ist und daß sie im Konfliktfall vor einer Entscheidung steht, die ihr von niemandem abgenommen werden kann.

Jedoch hat der Mann als Erzeuger des Kindes eine Verantwortung, der er sich nicht entziehen darf.

3. Diese Verantwortung des Mannes äußert sich in seinem Verhalten während des Entscheidungsprozesses, in dem er
– den Konflikt der Frau sieht und wahrnimmt;
– seine eigenen Motive klärt, die sein eigenes Ja oder Nein zum werdenden Leben bedingen;
– seinen Einfluß auf die Entscheidung begreift, den er so oder so ausüben kann;
– vermeidet, die Frau unter Druck zu setzen.
– Beratung in Anspruch nimmt.

4. Die Verantwortung des Mannes besteht auch in der Aufgabe, die Situation nach der Entscheidung gemeinsam mit der Frau zu tragen und zu bewältigen.

III. Die Rolle des Mannes im strafrechtlichen Verfahren

1. Der Wille Gottes ist klar: »Du sollst nicht töten.« Werdendes Leben steht unter dem Schutz dieses Gebotes. Schuldhaftes Handeln steht nach dem Evangelium unter der Vergebung. Es fällt auf, daß die strafrechtliche Verfolgung eines Schwangerschaftsabbruchs oft von Männern gefordert wird.

Auch in Johannes 8 sind es Männer, die eine Frau bestrafen wollen für eine Tat, die sie gemeinsam mit einem Mann begangen hat. Jesus deckt den Schuldzusammenhang auf und verweigert die von Männern geforderte Verurteilung. Nach dem § 218 kann eine Frau strafrechtlich verfolgt und verurteilt werden, während der Erzeuger des Kindes nicht herangezogen wird, selbst dann nicht, wenn er die Frau unter Druck gesetzt und die Abtreibung verlangt hat.

2. Die Forderung der strafrechtlichen Verfolgung von Frauen und der Verschärfung des § 218 kann aus Motiven kommen, die nicht dem Evangelium entsprechen. Es ist notwendig, daß sich Männer diesen Zusammenhang verdeutlichen.

3. Männer, die die Bestrafung fordern, sollten sich über ihre Motive und ihre Rechtsvorstellungen klar werden.

In diesem Zusammenhang fällt auf, daß das Töten im Schwangerschaftskonflikt und das Töten im Kriegsfall in der evangelischen Ethik unterschiedlich behandelt wird. Während eine Notlagenindikation fast durchweg abgelehnt wird, gilt nach wie vor der Grundsatz vom »Friedensdienst mit und ohne Waffen«, wobei hier ausdrücklich die Gewissensentscheidung des Mannes gefordert und respektiert wird.

IV. Auf dem Weg zu einer Neuregelung

1. Die zur Zeit in den alten Ländern der BRD gültige Indikationenregelung in den §§ 218 ff. akzeptiert, daß für die schwangere Frau eine Notlage vorliegen kann, die einen Schwangerschaftsabbruch nicht unter Strafe stellt. Sie traut aber der betroffenen Frau nicht zu, selbstverantwortlich und selbstbestimmend zu entscheiden. Die Respektierung der Gewissensentscheidung der Frau im Schwangerschaftskonflikt gibt ihr erst die Würde und das Recht, eine eigene ethische Entscheidung treffen zu können und verantworten zu müssen und erfüllt somit den Grundsatz der Gleichberechtigung von Mann und Frau.

2. Der Schutz des ungeborenen Lebens kann nicht gegen die betroffene Frau erreicht werden. Strafandrohung ist kein wirksamer Schutz ungeborenen Lebens. Die Zahl der Schwangerschaftsabbrüche kann nur reduziert werden, wenn kinder-, frauen-, familiengerechtere und sozialere Verhältnisse geschaffen werden.

3. Zu bedenken ist: Die betroffene Frau steht derzeit unter einer doppelten Belastung, nämlich dem Schwangerschaftskonflikt und der möglichen Strafverfolgung und deren sozialen Folgen.

4. Wir halten den Vorschlag, den Schwangerschaftsabbruch innerhalb gewisser Grenzen aus dem Strafrecht zu nehmen, für einen richtigen Schritt.

Für den Männer-Ausschuß: *Werner Schanz*

Die Erklärung wurde erarbeitet von:
Aribert Bauer, Karl-Heinz Holjewilken, Adolf Müller, Matthias Oursin, Franz-Ludwig Pechke, Martin Pflaumer, Werner Schanz, Crafft Freiherr Tuchseß von und zu Wetzhausen und Bruno Viertlmeister.

9. Stellungnahme
Zu der Erklärung des Männerausschusses der Landessynode
»Die Verantwortung des Mannes im Schwangerschaftskonflikt«

Zu I. Grundüberlegungen zu einer Bestimmung des Mannes und seiner Geschlechtlichkeit

1. Ich begrüße es, daß in diesem Zusammenhang die Verantwortung des Mannes gesehen und artikuliert wird.

Allerdings vermisse ich die einfache und gerade hier naheliegende Form der Verantwortung, kein ungewolltes Leben zu zeugen, gezeugtes Leben nicht abzulehnen und die Frau nicht zur Abtreibung zu drängen.

2. Wie das Verhältnis von Mann und Frau im einzelnen beschrieben wird (Männerbild, Rollenverteilung),

das klingt mir etwas sehr »feministisch«. Sind denn nur weibliche Eigenschaften gute Eigenschaften? Bedürfen nur die Männer einer Sinnesänderung, einer Umkehr?

Biblisch-theologisch gefragt: Gilt das Wort von der wesenhaften Sünde nicht für Frauen? Ist zwar nicht der Mensch, wohl aber die Frau »von Natur aus gut« (Rousseau)?

Hätte hier zu den Bibelworten nicht auch das Wort aus dem Epheserbrief berücksichtigt werden müssen: »Ordnet euch *einander* unter in der Furcht Christi« (5, 21)?

3. Wozu alles der Mann befreit werden kann und soll – das scheint mir zu optimistisch, so als ob dann der uralte Kampf der Geschlechter einfach zu beenden wäre und paradiesischer Friede ausbräche, wenn die – allein schuldigen – Männer nur wollten!

Zu II. Die Verantwortung des Mannes im Schwangerschaftskonflikt

Im Absatz 2 heißt es: »Der Mann muß... anerkennen, daß die Frau... im Konfliktfall vor einer Entscheidung steht, die ihr von niemandem abgenommen werden kann.« Dies entspricht fast wörtlich dem Spitzensatz der Rosenheimer Erklärung II und ist deswegen genauso zu kritisieren.

Außerdem geht die Verantwortung des Mannes im Schwangerschaftskonflikt anscheinend nicht so weit, daß er der Frau, die abtreiben will, ernsthaft davon abraten und die Abtreibung verhindern sollte! Er wird hier geradezu dazu aufgefordert, die Frau mit ihrer – letzten – Entscheidung allein zu lassen. Worin besteht dann konkret die trotzdem angemahnte Verantwortung des »Erzeugers«? Das wird auch im Absatz 3 nicht deutlich beantwortet: Einerseits wird sein »großer Einfluß« erwähnt, andererseits soll er vermeiden, »die Frau unter Druck zu setzen (In welcher Richtung, wird nicht gesagt.) D. h. ihm bleibt nichts anderes übrig, als die jeweilige Entscheidung der Frau zu akzeptieren und zu tolerieren – oder?

Zu III. Die Rolle des Mannes im strafrechtlichen Verfahren

Gegen diesen Teil habe ich die meisten Einwände:

1. Grundsätzlich zur Gliederung: Die Überschrift paßt nicht zum Inhalt: Der ganze Teil berührt inhaltlich auch die christlich-ethische Entscheidung (fünftes Gebot!) und unterscheidet diese nicht von den politisch-juristischen Fragen. Es liegt also hier – wieder einmal – die verhängnisvolle, verwirrende Vermischung von strafrechtlicher und christlich-ethischer Fragestellung vor (Vermengung der beiden Regimente Gottes). Damit widerspricht dieser Teil schon im Ansatz lutherischer Theologie.

2. »Schuldhaftes Handeln steht nach dem Evangelium unter der Vergebung.« Ein ungeheuerlicher Satz! So einfach ist das also: Schuld wird immer und überall und schnell vergeben: Die »große Weißwäscherei« (A. Camus)! Hier kommt der antinomistische Ansatz – der auch in der Rosenheimer Erklärung enthalten ist – mit aller Deutlichkeit zum Ausdruck. Antinomismus ist jedoch nicht evangelisch-lutherisch (vgl. dazu Luthers Schriften gegen die Antinomer). – Richtig müßte der Satz heißen: Schuldhaftes Handeln steht unter dem Zorn und Gericht Gottes, wird vom Gesetz Gottes verboten, ist Gesetzesübertretung, Sünde gegen Gottes Willen, die den Menschen vor Gott verurteilt (verdammt). Deswegen haben wir die mahnende Drohung des Beschlusses der zehn Gebote – vgl. Kleiner Katechismus! – sehr ernst zu nehmen.

Gott handelt an uns nach Luther in Gericht *und* Gnade, in Verurteilung *und* Freispruch. Dies doppelte Wort Gottes an uns darf nicht verkürzt werden, weder so, daß man einseitig das Gesetz hört und das Evangelium überhört, noch so, daß man einem Gnadenmonismus das Wort redet und das Gesetz leugnet (wie das hier geschieht)!

Die Sünde kann uns um Jesu Christi willen – durch den Zuspruch des Evangeliums – vergeben werden, wenn sie erkannt, bekannt, bereut und – soweit das in den Kräften des Menschen steht – gemieden wird. Hier wird wieder eine Grundeinsicht lutherischer Theologie tangiert und mißachtet! Aus der unaufhebbaren Dialektik von Gesetz und Evangelium wird ein Evangeliumsmonismus, der das Evangelium zur Selbstverständlichkeit und damit zur »billigen Gnade« pervertiert. Es ist für mich sehr schmerzlich mitansehen zu müssen, wie heute in unserer Kirche praktisch alle grundlegenden Erkenntnisse lutherischen Glaubens und Theologie über Bord geworfen werden. Sind denn die Schreiber dieser Erklärung nicht auf Schrift und Bekenntnis ordiniert? Wie halten sie es damit? Mit welchem Recht setzen sie sich darüber hinweg?

3. Die Frage der strafrechtlichen Behandlung der Abtreibung steht auf einem ganz anderen Blatt. Ihre Bestrafung ist vor allem nicht eine Forderung der Männer, sondern des Rechtes (Verschiebung der Fragestellung und des Problems!). Im übrigen denken auch viele Frauen so. Es trifft einfach nicht zu, daß hier die »hartherzigen« Männer gegen die »armen« Frauen stünden! Ferner ist das Ziel des § 218 (oder anderer Strafbestimmungen gegen die Abtreibung) nicht die Bestrafung der Frauen, sondern der Schutz des ungeborenen Menschen. Sehr schön drückt diese Schutzfunktion des Gesetzes Luther im Großen Katechismus zum fünften Gebot aus: »Er (Gott) will hiermit jeden beschirmt, der Verfolgung entzogen und im Frieden gelassen haben vor jedermanns Frevel- und Gewalttat, und will dieses Gebot um den Nächsten herum zur Ringmauer, zur Festung und Freistätte aufgestellt haben, damit man ihm an sei-

nem Leibe kein Leid noch Schaden antun möge« (BSLK, S. 607). Dieses Ziel wird in der Erklärung nicht erwähnt und berücksichtigt.

Das Evangelium fordert natürlich überhaupt keine strafrechtliche Verfolgung, denn es hat mit den staatlichen und sonstigen Gesetzen nichts zu tun. Es wird deswegen in III. 2 völlig zu Unrecht bemüht (wieder Folge der Vermengung der beiden Regimente!) Aber trotzdem muß es im Bereich der lex civilis zur Eindämmung der menschlichen Bosheit Gesetze und auch Strafgesetze geben. Diese im Namen des Evangeliums in Frage zu stellen und abzulehnen, stellt ein schweres Mißverständnis und einen Mißbrauch des Evangeliums dar.

Nicht aus Freude am Bestrafen machen »Männer« Strafgesetze, sondern um dem Recht zu dienen und das Unrecht zu bändigen, so gut es geht, erlassen Frauen und Männer Gesetze. Diese Gesetze gelten für alle Menschen, denn vor dem Gesetz sind alle gleich. (Daß Männer auf Grund biologischer Gegebenheiten nicht bei sich selbst abtreiben lassen können, haben sie nicht selbst zu verantworten. Ihre Mitwirkung bei Abtreibungen sollte aber ebenso unter Strafe gestellt werden wie das Tun der Frauen.)

Zu IV. Auf dem Wege zu einer Neuregelung

Die Überschrift sagt nicht, welche Regelung gemeint ist; wahrscheinlich handelt es sich um das Strafrecht.

1. Es wird gefordert, daß die betroffene Frau »selbstverantwortlich und selbstbestimmend« entscheiden können soll. – Ich finde es sehr verräterisch, daß in dieser Erklärung eines Teils der Landessynode nur von der Selbstbestimmung der Frau, aber nicht mehr von Gott und seinem Gebot die Rede ist. Das bestätigt meine Befürchtung, hier werde von einem säkular-liberalistischen Menschenbild ausgegangen, von der völligen Selbstverfügung des Menschen. Dieser Eindruck wird noch ver-

stärkt durch folgende Behauptung: »Die Respektierung der Gewissensentscheidung der Frau im Schwangerschaftskonflikt gibt ihr erst die Würde und das Recht, eine eigene ethische Entscheidung treffen zu können...« (IV, 1). Das Wort »Würde« im Zusammenhang mit einer Abtreibung, also einer Tötung des Ungeborenen, wirkt auf mich besonders unverständlich, um nicht zu sagen unchristlich. Ich dachte bisher, es sei Christenpflicht, die unverletzliche Würde des Menschen zu achten!

Hier ist offenbar aus der »Freiheit eines *Christen*menschen« die Freiheit des Menschen schlechthin geworden. Das vermag ich nicht mehr als biblisch oder lutherisch anzusehen. Biblisch gesehen entsteht die Freiheit des Christen aus der völligen und alleinigen Bindung an Christus und durch ihn an Gott: »Alles ist euer, ihr aber seid Christi, Christus aber ist Gottes« (1. Kor. 3, 22 + 23). Wir sind »Freigelassene Jesu Christi« (1. Kor. 7, 22) *und* »Sklaven Jesu Christi« (Röm. 1, 1 u. ö) zugleich. Die christliche Freiheit ist immer die Freiheit der an Christus Gebundenen, nicht die autonome Freiheit des modernen Menschen. Das hat weitreichende Konsequenzen für unser Verhalten! Deshalb wiederhole ich meinen Vorwurf, hier werde der Frau eine gottähnliche Stellung eingeräumt: Sie darf in absoluter Freiheit, entsprechend ihrer »Würde«, die letzte Entscheidung über ein menschliches Leben fällen. Wie weit ist das von der Versuchung zur Gottähnlichkeit bzw. Gottgleichheit: »Ihr werdet sein wie Gott!« (1. Mose 3, 5) noch entfernt? Theologisch verstanden besteht das Wesen der Sünde in der – praktischen und/oder theoretischen – Gottlosigkeit, in der Trennung von Gott. »Der Sünder will nicht, daß Gott (über ihm) sei« (Martin Luther).

2. Zudem ist es auch in einem innerweltlichen Rechtsverständnis unerträglich, daß man jemanden Richter in eigener Sache sein läßt. Er/Sie ist ja befangen, ist Partei und entscheidet ganz zwangsläufig parteiisch. Von ihm

ist nicht zu erwarten, unvoreingenommen und neutral zu sein. Schon deswegen taugt das Modell von der alleinigen Verantwortung und Entscheidung der Frau hier nicht.

Es handelt sich auch nicht um eine *Selbst*bestimmung, weil ihre Entscheidung nicht sie allein betrifft. Sie entscheidet nicht nur für sich selbst, sondern auch über ihr ungeborenes Kind, einen anderen Menschen, der ihr nicht gehört, trotz aller einzigartig engen Verbundenheit mit ihm. Mit dem Kind befindet sie sich in einem schweren Konflikt. Sie vertritt dabei zunächst ihre eigenen Interessen gegen das Kind und dessen Interessen. Wie ist von ihr ein gerechtes »Urteil« zu erwarten? Es stellt keine unzulässige Bevormundung, sondern eine notwendige Rechtshilfe dar, daß sie beraten werden muß – und zwar um ihretwillen und um des Kindes willen. Der Text der Erklärung leugnet leider auch diesen Konflikt und gelangt so zu einer völlig schiefen Perspektive.

3. »Der Schutz des ungeborenen Lebens (sic!) kann nicht gegen die betroffene Frau erreicht werden« (IV, 2). Dieser Satz ist doppeldeutig. Meint er eine Tatsachenfeststellung (unter den heutigen Gegebenheiten kann man eine zur Abtreibung entschlossene Frau nicht davon abhalten), oder eine ethische Aussage: Der Schutz des Kindes soll gar nicht gegen den Willen der Frau erreicht werden? Im ersten Fall wird man ihn nicht bestreiten können, freilich tue ich das – um des ungeborenen Kindes willen – mit großem Bedauern. Im zweiten Fall aber – und so klingt der ganze Zusammenhang, auch die »Richtlinien für die Beratung des Diakonischen Werkes« und das, was von einigen Frauen auf der Begegnungstagung gesagt wurde – muß ich ihm entschieden widersprechen! Das wäre eben doch die Erlaubnis zur Abtreibung, die absolute Verfügungsgewalt über das Leben des ungeborenen Menschen, verbunden mit einer Art »Selbstabsolution«! Selbst wenn eine säkulare Gesellschaft, die von der Heiligkeit des menschlichen Lebens

nicht mehr viel weiß, weil sie von Gott nichts wissen will, dies so sieht, können Christen so nicht sprechen. Diese Aussage ist unvereinbar mit dem fünften Gebot!

4. Daß Strafdrohung nichts bewirke, ist eine oft wiederholte Unwahrheit. Man hat das ja im Fall des § 218 gar nicht mehr ernstlich versucht. Die Gurtanlegepflicht mit Bußgeld spricht eindeutig für die Wirksamkeit einer Strafandrohung. Auch das Ernstnehmen der menschlichen Sündhaftigkeit deutet in diese Richtung: So vernünftig und so (selbst)verantwortlich lebt der Mensch leider nicht, daß er nur aus Einsicht immer das Richtige täte. Er bedarf leider dazu auch des Gesetzes und der Strafe. – Zudem steckt in dieser Behauptung der Erklärung ein Selbstwiderspruch: Dieselben Leute, die »Hexenprozeß« schreien, wenn der Staat gegen eindeutige Gesetzesverletzungen eingreift (Memmingen!), behaupten andererseits immer wieder, die Strafandrohung bewirke nichts. Sie sollten es einmal um der Kinder willen versuchen und würden sich wundern, wieviele Abtreibungen dadurch zu vermeiden wären! (Warum fordern übrigens wieder dieselben Leute die Einführung neuer Straftatbestände in StGB, wenn doch Strafe nicht hilft?) Nein, sie *wollen* die Ungeborenen nicht durch Strafandrohung schützen und darum tun sie so, als ob Gesetze und Strafe wirkungslos blieben. Wenn zudem – wie hier gefordert – bis zu einer nicht genannten Frist (!) die völlige Herausnahme der Abtreibung aus dem Strafrecht (ersatzlos!) verlangt wird, dann bedeutet das die Befürwortung der Fristenregelung. Diese Forderung im Munde von christlichen Synodalen richtet sich selbst, denn sie ist mit dem fünften Gebot und außerdem mit dem Grundgesetz unvereinbar!

5. Mit der Erklärung bin ich auch für bessere, »kinder-, frauen- und familiengerechtere und sozialere Verhältnisse«. Nur darf man diese nicht zur notwendigen Voraussetzung und Bedingung für den Schutz des ungeborenen Menschen machen. Wenn man das nämlich

täte, dann dürfte es in Kriegs- und Notzeiten überhaupt keine Kinder geben, auch in den armen Ländern der Erde nicht. Andererseits sollte man meinen, daß es in unserem reichen Land an sich möglich sei, sich Kinder »zu leisten« und zu ihrem Geborenwerden ja zu sagen. Jedenfalls halte ich unsere sozialen und sonstigen Verhältnisse nicht für *so* schlecht, daß man deswegen jährlich 300 000 Kinder umbringen müßte! Wenn man sich aber auf diesen Weg: »Erst bessere Verhältnisse, dann weniger Abtreibungen« einließe, wo wäre dann die Grenze, bzw. wann wären diese Voraussetzungen erfüllt und wer sollte darüber entscheiden (dürfen)? Auch so würde wieder der autonomen Entscheidung und dem willkürlichen Umgang mit dem ungeborenen Menschen Tür und Tor geöffnet!

Das darf unter Christen nicht sein! Deswegen halte ich diese Erklärung für noch untragbarer als die Rosenheimer Erklärung! Ich setze ihr die Worte Stratenwerths entgegen: »Darum ist dies das letzte Wort des Theologen an den Arzt« – man könnte hinzufügen: auch an die Mutter und alle Beteiligten – »Ich kann dir kein Recht geben zu töten, denn ich bin nicht Herr über Gottes Wort, *das uns gemeinsam bindet*... Es ist unmöglich, den Eingriff zu rechtfertigen... Je mehr man sich in die Dinge vertieft, desto deutlicher erkennt man, daß es keine andere Lösung gibt... oder man muß entschlossen aufhören, Christ zu sein.«

Hanns Leiner

III. BRIEFE

1. Brief von Hanns Leiner an den Präsidenten der Landessynode der Evang.-Luth. Kirche in Bayern

Sehr geehrter Herr Dr. Haack!
Ihren Brief vom 3. 5. 1991 habe ich erhalten und danke Ihnen dafür. Mit Ihnen bin ich der Meinung, daß wir gerade jetzt das Gespräch und die Auseinandersetzung über die Abtreibung um der Menschen willen (der Mütter und der ungeborenen Kinder) fortsetzen müssen.

Ihre Anmerkungen zur Rosenheimer Erklärung begrüße ich deshalb sehr, weil sie in mancher Hinsicht deutlicher sind als die Erklärung selbst. Freilich hatte ich beim Lesen den Eindruck. Sie wollen die Wogen glätten, den Schaden, der entstanden ist, begrenzen und bildlich gesprochen das Porzellan, das zerbrochen wurde, wieder kitten. Leider geht das – wie meistens – auch hier nicht.

Um Polemik ist es mir überhaupt nicht zu tun, wohl aber um Entschiedenheit und Klarheit in der Sache, die wegen ihrer praktischen Bedeutung – weil es ums Leben geht – nicht ohne innere Beteiligung und also auch Emotionen bleiben kann. Hier muß man mit klarem Kopf und ganzem Herzen Stellung beziehen. Hier nur kühl zu reagieren, grenzte an Kaltschnäuzigkeit und Zynismus...

Es liegt mir sehr daran, daß Sie den theologischen Zusammenhang und Hintergrund, von dem aus ich die Problematik ansehe, zur Kenntnis nehmen. Mit OKR i. R. Dr. W. Rupprecht (brieflich) bin ich der Ansicht, daß ein wesentlicher Grund für eine Reihe von ethischen Fehlentscheidungen und -urteilen in letzter Zeit darin zu suchen ist, daß man die lutherische Unterscheidung zwischen den beiden Regimenten Gottes nicht mehr kennt oder kennen will. Sonst würde es uns z. B. nicht so schwer fallen einzusehen, daß Strafe im weltlichen Regiment durchaus sinnvoll ist und sein muß. Mir ist das auch erst ganz klar geworden, als ich das Problem der Abtreibung unter diesem Doppelaspekt zu sehen lernte.

Bevor ich zu den inhaltlichen Einzelfragen der Rosenheimer Erklärung Stellung beziehe, muß ich etwas zum Verfahren der Synode sagen: In Ihren Anmerkungen (S. 2) erinnern Sie sehr richtig daran, wie kirchliche Synoden vorgehen sollen, um zu Entscheidungen zu gelangen. Sie zitieren dabei ein gutes, zu christlicher Rücksicht gegenüber der schwächeren Partei mahnendes Wort von Gustav Heinemann. Mir drängte sich unwillkürlich die Frage auf: Warum haben Sie und die Synode sich *nicht* daran gehalten? Warum haben Sie in einer so kontroversen Sache, bei völlig gegensätzlicher Beurteilung in der Synode, überhaupt abstimmen lassen? Welche Notwendigkeit bestand denn dazu, die erhebliche Minderheit zu überstimmen, also den Weg dieser ultima ratio zu gehen? Daß die Vorschläge der Landessynode keinen solchen mittleren Weg darstellen, wie Sie anscheinend meinen (Es fragt sich, ob es den hier überhaupt gibt!), zeigt sowohl das Abstimmungsergebnis als auch die Reaktion in der Öffentlichkeit! Die Art, wie nach zehnstündiger Debatte nach Mitternacht die Abstimmung gleichsam erzwungen wurde, erscheint mir weder klug noch besonders christlich zu sein. Man hätte mindestens noch einmal darüber schlafen müssen und bis zum nächsten Morgen warten, besser noch bis zur nächsten Synode!

Soviel zum Verfahren, jetzt zum Inhalt: Die Rosenheimer Erklärung zerfällt deutlich in zwei sich widersprechende Teile bzw. Aussagen: Teil I und III einerseits. Teil II andererseits. So hat es auch Herr Landesbischof Dr. Hanselmann gesehen und durch sein Nein zu

Teil II dokumentiert. Diese beiden Teile bilden keine innere Einheit. Der mittlere Teil entwertet die beiden anderen und stellt sie in Frage. Mit einem Bild zu sprechen: Bei einem Faß mögen die Dauben gut und dicht sein, wenn der Boden ein Loch aufweist, läuft der Wein dennoch aus. Für mich ist der Boden der Erklärung in Teil II löcherig. Ich will versuchen, Ihnen das an Hand einiger Einzelheiten aufzuzeigen und nachzuweisen. Es geht also nicht nur um die immer wieder kritisch zitierte eine Stelle!

»Deshalb kann werdendes menschliches Leben nur geschützt werden mit der Frau, die das werdende Kind annimmt...« Gleich zweimal taucht hier das mißverständliche und darum gefährliche Wort »werdend« auf. Was ist eigentlich ein »werdendes Kind«? Erweckt dieser Ausdruck nicht den Eindruck, als handelte es sich beim Ungeborenen doch noch nicht um wirklich menschliches Leben, sondern ein Vorstadium, und relativiert damit natürlich den Anspruch an die Mutter und die Gesellschaft? Daß das Leben des ungeborenen Kindes nicht gegen den Willen der Mutter erhalten werden kann, stellt eine Binsenwahrheit dar. Die ethische Verantwortung wird durch diesen Satz gerade verdunkelt: Eine Schwangere hat nicht mehr die ethische Freiheit, ihr Kind anzunehmen oder nicht, sondern sie ist durch die Tatsache, daß sie es empfangen hat, dazu verpflichtet.

Gerade das wird im Teil II dadurch verschleiert, daß wiederholt, in verschiedenen Wendungen von der Entscheidung der Mutter geredet wird: »Kirchliche Entscheidungshilfe, letzte Entscheidung, wesentliche und wirksame Entscheidungshilfen, eigenständige (!) Entscheidung, Entscheidungsfindung, Gewissensentscheidung, Entscheidung vor Gott, eigenständige, verantwortliche Entscheidung.« Durch diese Häufung des Wortes »Entscheidung« muß ja die Illusion genährt werden, als ob die Schwangere hier sich tatsächlich (sogar eigenständig) noch - ethisch – entscheiden könne und dürfe! Dagegen hat sich mit vollen Recht auch der Bischof gewandt.

Gerade diese »Entscheidung« ist ausgeschlossen, wenn man den »Grundwert der Unverfügbarkeit menschlichen Lebens« ernst nimmt und anerkennt, was ja die Erklärung tun will. Denn bei der Abtreibung handelt es sich um »Tötung menschlichen Lebens«, wie die Synode richtig feststellt. Das macht die Sache jedoch nicht besser, sondern schlimmer. Darf also doch die Mutter über ihr ungeborenes Kind und sein Leben oder Sterben entscheiden – und wie kann sie das vor Gott verantworten? Daß sie sich auf jeden Fall vor ihm verantworten *muß*, steht fest: aber ob sie das auch *kann*, scheint mir höchst fraglich. Hier liegt auch für mich der Hauptfehler und innere Widerspruch der Rosenheimer Erklärung. Entweder ist menschliches Leben wirklich unverfügbar, dann hat die Mutter darüber nicht zu entscheiden. Oder man gesteht ihr eine Entscheidung darüber zu, dann ist es eben nicht unverfügbar. Beides zu wollen und zu behaupten – wie die Synode es in ihrer Erklärung tut –, gleicht der Quadratur des Kreises, die bekanntlich unmöglich ist.

Ein bemerkenswerter Mangel dieser Erklärung besteht auch darin, daß hier überhaupt nicht theologisch oder biblisch argumentiert wird. Vielleicht deswegen, weil man nichts »Passendes« fand und von der Schrift her zu ganz anderen Folgerungen hätte kommen müssen, die freilich nicht der heutigen allgemeinen Meinung entsprechen. Nach biblischem Verständnis – um nur das Wichtigste zu erwähnen – ist Gott allein Herr über Leben und Tod. Wenn hier der Mutter die Verantwortung über Leben und Tod des Kindes zugesprochen, zugemutet wird, dann stellt man sie an die Stelle Gottes. Ihre angemaßte Verantwortung und Entscheidungsgewalt raubt Gott die alleinige Souveränität über das menschliche Leben. Dieser Ansatz widerspricht dem biblischen Verständnis des

Menschen und der ihm möglichen Verantwortung, er entspricht jedoch durchaus der modernen Vorstellung vom autonomen Menschen, der in völliger Selbstverfügung über sich und sein Leben – und da er Gott nicht kennt – als Gott auch über das Leben der ihm Anvertrauten entscheidet.

Wenn der Ansatz so schief und falsch ist, darf man sich nicht wundern, wenn auch die Konsequenzen undeutlich oder fragwürdig ausfallen: Wie die kirchliche Beratung und Entscheidungshilfen aussehen sollen, bleibt ganz offen; wie das Gewissen geprägt oder erzogen ist (ob es sich an christlichen Werten ausrichtet oder nicht), wird nicht gesagt. Im Beratungsgespräch werden die Indikationen nur »erörtert«, nicht festgelegt oder begründet. Der vom Bischof eingefügte Satz: »Strengste Maßstäbe sind hier angzulegen«, ist sehr zu begrüßen, nur trägt er in seiner leeren Formalität auch nicht viel aus: Was heißt denn das genau und im einzelnen?

Schließlich die rechtliche Seite der Sache: Die Synode beschränkt sich nicht darauf, die ethische Problematik zu erörtern, sondern will auch ausdrücklich eine »kirchliche Entscheidungshilfe für die neue Rechtssetzung... bieten«. Diese lautet: »Dem Sinn der hier vorgelegten Ausführungen entspricht es, daß die betreffenden gesetzlichen Bestimmungen zum Schwangerschaftsabbruch nicht mehr im StGB, sondern in einem Gesetz zum Schutz des ungeborenen menschlichen Lebens verankert werden.« Formal haben Sie Recht: Ersatzlos sollen die §§ 218 ff. nicht gestrichen werden. Aber welcher Ersatz wird an ihre Stelle treten und warum brauchen wir überhaupt einen Ersatz? Für wie naiv halten die Synodalen uns eigentlich – oder wie naiv sind sie selbst? Hier fällt es mir sehr schwer, nicht polemisch zu werden. Doch ich will es argumentativ versuchen.

Merkwürdigerweise begründet die Synode ihren Vorschlag gar nicht. Warum ist sie denn unzufrieden mit der jetzigen Rechtslage? Was will sie stattdessen erreichen?

»Erleichterung?« Verschärfung? In welcher Richtung? Entweder hätte man hier ganz schweigen müssen oder deutlicher reden. Außerdem wäre es nötig gewesen, den Wortlaut des angesprochenen neuen Gesetzes zugänglich zu machen – wenn es ihn schon gibt. So bleibt ganz ungreifbar, undeutlich, was die Synode mit ihrem Vorschlag eigentlich will.

Oder spricht sie absichtlich so undeutlich, damit sie noch nicht mit der Tür ins Haus fällt und sagt, daß sie eben doch die Strafbarkeit der Abtreibung/Kindstötung aufheben oder wenigstens weiter unterhöhlen will? Denn was ist unter den heutigen gesellschaftlichen und politischen Voraussetzungen bei einer Abstimmung im Bundestag zu erwarten? Jedenfalls kein »Gesetz zum Schutz für das ungeborene menschliche Leben«, das diesen Namen wirklich verdiente. Eine restriktivere Fassung der §§, besonders bei der sogenannten sozialen Indikation und damit ein wirksamerer Schutz für den ungeborenen Menschen, ist – leider – nicht mehr mehrheitsfähig. Wenn schon die Anwendung der bestehenden laxen Gesetze als »Hexenjagd« (Memmingen!) verschrien und gebrandmarkt wird, kann man sich leicht ausmalen, wie schwammig die Bestimmungen des neuen Gesetzes aussehen werden. Es wird mit ziemlicher Sicherheit keine Verbesserung des Schutzes für das ungeborene Leben bringen. Wenn das stimmt, wenn wir kein besseres Gesetz bekommen können, hätten wir als Christen, also auch die Synode, allen Grund, wenigstens für die Beibehaltung des bestehenden Gesetzes zu plädieren. Dafür spricht auch, daß gerade die Behandlung der Abtreibung im StGB – trotz aller Versuche zur sogenannten Entkriminalisierung daran erinnert, daß es sich um ein Tötungsdelikt handelt, also den Unrechtscharakter deutlich macht und vielleicht ein gewisses Unrechtsbewußtsein aufrecht erhält. Das wäre nur zu begrüßen. Im übrigen entspricht nur so das Gesetz den Bestimmungen des Grundgesetzes. Ich habe mit Genugtuung dieser Tage

Auszüge aus dem Urteil des Bundesverfassungsgerichtes von 1975 zur Sache gelesen. Es hätte sicher der Synode gut getan und zu einer sachgemäßeren Entscheidung oder Erklärung geholfen, wenn sie das vorher auch zur Kenntnis genommen hätte. Das wollte wohl auch OKR Dr. W. Hofmann sagen, wenn er bemerkte, daß die Rosenheimer Erklärung beim Bundesverfassungsgericht in Karlsruhe keine Zustimmung finden würde.

Für besonders bedenklich halte ich in diesem Zusammenhang Ihren Satz »Selbstverständlich kann man bei der Frage der Strafbarkeit (scil. der Abtreibung) unterschiedlicher Auffassung sein.« Das heißt für mich, die Toleranz an der falschen Stelle gefährlich weit treiben. Seit wann kann man in einem Rechtsstaat über die Strafbarkeit einer Tötungshandlung an einem Menschen unterschiedlicher Auffassung sein? Ihr Satz müßte – richtiggestellt – genau entgegengesetzt lauten: Selbstverständlich kann man bei der Frage der Strafbarkeit der Abtreibung nicht unterschiedlicher Auffassung sein.

Ich frage mich schließlich, was die Synode zu ihrer Erklärung getrieben hat, welcher Handlungsbedarf für ihren m. E. fragwürdigen Rat überhaupt bestand. Sie werden mir vielleicht erwidern: Wir wollten unbedingt für die anstehenden Verhandlungen im Bundestag eine Stellungnahme unserer Kirche vorlegen. Das ist verständlich, genügt jedoch als Begründung nicht. Man darf seine Stimme nur erheben, wenn man wirklich etwas zu sagen hat und das gemeinsam tun kann. Wenn einem die geistliche Kraft fehlt und Einmütigkeit trotz langer Diskussion nicht herzustellen ist, dann sollte man besser schweigen. Eine unklare, widersprüchliche und teilweise in die falsche Richtung weisende Erklärung ist schlechter als gar keine. Dieses Wort der Landessynode stellt für mich nicht den Ausdruck von Mut dar (vgl. Titel im Sonntagsblatt!), sondern einer geistigen und geistlichen *Verwirrung* (sic!), die unsere ganze Gesellschaft und unsere Kirche ergriffen hat. Statt wirklich Wegweisung zu geben, hat die Synode dazu beigetragen, die Verwirrung zu vergrößern. Ihre Erklärung wird zum Wasser auf die Mühlen all derer, die es sich leicht machen mit der Abtreibung!

Wenn schon nicht juristisch, so doch faktisch läuft dieser Rat der Synode auf die Preisgabe des bestehenden minimalen Schutzes für das ungeborene menschliche Leben hinaus und bietet nur die vage Hoffnung auf einen fragwürdigen Ersatz. In polemischer Zuspitzung – nicht Verkürzung – kann man das durchaus eine ersatzlose Streichung nennen. Ich fürchte, daß ich damit nichts unterstellt, sondern klar gestellt habe, worauf das Ansinnen der Synode hinausläuft. Diese Synode müßte erst glaubhaft dartun, daß sie es *nicht* so gemeint hat! Und sie müßte dafür sorgen, daß der verheerende Eindruck, der durch die Rosenheimer Erklärung in der Öffentlichkeit und in den Gemeinden entstanden ist, korrigiert wird!

Hanns Leiner

2. Stellungnahme vom Vorsitzenden des Ausschusses für Gesellschaft und Diakonie der bayerischen Landessynode Heinz Burghart

Veröffentlicht im Deutschen Allgemeinen Sonntagsblatt am 26. Juli 1991

Schon im Prozeß der Meinungsbildung und erst recht bei der Plenardebatte der Landessynode war mir bewußt, daß die »Rosenheimer Erklärung« der Evangelisch-Lutherischen Kirche in Bayern heftige Auseinandersetzungen auslösen würde. Wie kann gerade ein Leitungsgremium der doch als besonders konservativ geltenden bayerischen Landeskirche so relativ früh zu der die Bonner Koalition belastenden und den Bundestag beunruhigenden Aufgabe Stellung beziehen, den bisher in Paragraph 218 gefaßten Tatbestand der Abtreibung neu zu definieren und den bislang in den alten und neuen Bundesländern unterschiedlich bestimmten Umgang damit gesetzlich zu regeln? Und was veranlaßte die in Rosenheim tagende Landessynode zu der Empfehlung, in Konfliktfällen sei »die letzte Entscheidung« der schwangeren Frau zu überlassen; sie könne ihr von niemandem abgenommen werden? Wörtlich: »Sie muß sie in ihrer Verantwortung vor Gott treffen!«

Wohl mußte ich auch damit rechnen, persönlich besonders ins Kreuzfeuer zu geraten; nicht nur, weil an jenem Prozeß neben dem federführenden Grundfragenausschuß unter dem Vorsitz des Theologieprofessors Joachim Track aus Ansbach der Ausschuß für Gesellschaft und Diakonie, dem ich vorsitze, maßgeblich beteiligt war. Ich gehöre dem konservativen Arbeitskreis der Landessynode an, und dem war kaum zu vermitteln, daß ich nun, nach hartem Ringen mit Track, die »Rosenheimer Erklärung« voll mittrage, zumal der mittelfränkische Theologieprofessor zusammen mit einer ebenso charmanten wie aufmüpfigen Lehrerin aus München auch noch den progressiven Arbeitskreis leitet. Track habe mich »über den Tisch gezogen«, mit einer solchen Unterstellung mußte ich rechnen. Doch jetzt wird den 55, die in einer aufregenden Nachtsitzung für die »Rosenheimer Erklärung« stimmten – bei 36 Nein-Stimmen und drei Enthaltungen –, vorgeworfen, sich vom »Schutz für die Schöpfung verabschiedet« und sich über die »biblische Autorität« hinweggesetzt zu haben, ja, einer »erschütternden Glaubensverwirrung« und der »bibelfeindlichen Propaganda der Frauenemanzipation« erlegen zu sein. Mir persönlich wird gar vorgehalten, mich auf eine »Mogelpackung« eingelassen und alle diejenigen, die

»als Verfechter einer restriktiveren Handhabung und Gesetzgebung in der Abtreibungsfrage auf verlorenem Posten stehen«, »im Stich gelassen« zu haben.

Man könnte angesichts solcher Unterstellungen und Vorwürfe meinen, Verfasser und Befürworter der »Rosenheimer Erklärung« hätten die Abtreibung salonfähig gemacht, die wirklich erschreckend hohe Zahl solcher Eingriffe gutgeheißen. Verfasser und Befürworter werden belehrt, daß werdendes Leben doch Gottes Gabe und zu schützen sei; daß sich die Landessynode doch besser der »immer weiter fortschreitenden Beseitigung sittlicher Hemmungen« entgegengestellt hätte. Dabei bestätigt die »Rosenheimer Erklärung« ausdrücklich die »Memminger Erklärung« der bayerischen Landessynode von 1986, die eindringlich dazu auffordert, menschliches Leben zu bewahren, »geborenes und ungeborenes«. Ja, die »Rosenheimer Erklärung« stimmt in ihrem Bemühen, die Verantwortung gegenüber der göttlichen Schöpfungsordnung bewußt zu machen, voll überein mit der erst später, kurz vor ihrer Vereinigung verabschiedeten Erklärung der evangelischen Landeskirchen in Ost und West. Wie diese fordert sie von Staat und Gesellschaft zahlreiche Initiativen, um soziale Notlagen, die Anlaß für eine Abtreibung sein oder einen Vorwand dafür abgeben können, gar nicht erst entstehen zu lassen.

Müßig ist der Versuch, auszuloten, ob die »Rosenheimer Erklärung« näher an der gesetzlichen Regelung der einstigen DDR oder an dem 1974 neugefaßten Paragraphen 218 der damaligen Bundesrepublik ist. Mit Recht betont der Präsident der bayerischen Landessynode, der frühere Bundesminister Dieter Haack, sie versuche »einen mittleren Weg zwischen dem herkömmlichen Gegensatz«. Im Unterschied zum früheren, derzeit in den neuen Bundesländern noch geltenden DDR-Gesetz etwa begründet sie kein Recht auf Abtreibung, sieht in einem solchen Eingriff keine Möglichkeit der Geburtenregelung. Vielmehr verpflichtet die »Rosenheimer Erklärung« eine schwangere Frau, sich vor einer Abtreibung einer Beratung zu unterziehen, und natürlich bei einer staatlich anerkannten Beratungsstelle. Das entspricht der bisherigen Praxis in den alten Bundesländern. Die Erklärung der bayerischen Landessynode fordert darüber hinaus, daß sich auch der die Schwangerschaft begründende Mann der Beratung zu stellen hat – was in seiner Tragweite nur dann richtig erkannt ist, wenn man sich vergegenwärtigt, daß etwa die Hälfte aller Abtreibungen von verheirateten Frauen vorgenommen wird.

In Konfliktfällen »die letzte Entscheidung« der schwangeren Frau zu überlassen bedeutet keineswegs eine Anerkennung des die Diskussion um den Paragraphen 218 belastenden, Egoismus bekundenden und für vermeintliche Selbstverwirklichung werbenden Slogans »Mein Bauch gehört mir«. Nicht der augenblicklichen Befindlichkeit und damit gar weitgehender Beliebigkeit soll überlassen sein, ob eine Frau eine Schwangerschaft abbricht oder »das werdende Kind annimmt, sich mit ihrer ganzen Existenz für das Kind einsetzt, es nährt und ihm Zukunft gibt«. Im Gegenteil! Die »Rosenheimer Erklärung«, aus der die eben zitierte Formulierung stammt, will die Beratung ausdrücklich dazu verpflichten, »die Verantwortung vor Gott und seinem Gebot« und damit auch die im Grundgesetz betonte »Unverfügbarkeit menschlichen Lebens« bewußt zu machen. Damit geht sie über das letzte gemeinsame Wort der seinerzeit noch getrennten evangelischen Landeskirchen in Ost und West hinaus. Nicht so bestimmt wie die bayerische Landessynode, spricht sich auch das gemeinsame Wort für eine obligatorische Beratung aus. Viele sehen darin eine Chance, der Schwangeren über die eigentliche Beratung hinaus Schutz und Rückhalt zu geben gegenüber auf Abtreibung drängenden Partnern, Eltern und Kindern. Und für den Staat ist eine solche Verpflichtung wohl die einzige praktikable Möglichkeit, seiner Pflicht, menschliches Leben zu schützen, zu genügen. Wenn er die »Verantwortung vor Gott« ernst nimmt, von der das Grundgesetz spricht, kann er wohl auch entsprechende Auflagen machen. Die bayerische Landessynode will ihn dazu ermutigen, auf eine Bestrafung von Frauen, die eine Schwangerschaft abbrechen, dann aber verzichten, wenn sie sich zuvor der Beratung durch eine staatlich anerkannte Institution unterzogen haben. Denn das lehrt die Erfahrung: Strafandrohung kann keine Frau veranlassen, eine Schwangerschaft fortzusetzen, die sie partout abbrechen möchte.

Wohl besitzt das ungeborene Kind ein eigenständiges, aber doch kein selbständiges Leben. Es ist voll und ganz abhängig von der Mutter. Mit keiner anderen menschlichen Beziehung ist diese von Gott gegebene Konstellation vergleichbar. Das respektiert die »Rosenheimer Erklärung«. Sie ist eine Ermutigung für den Staat, ebenso zu verfahren. Alle Versuche aber, in Verkennung oder durch Ignorieren dieser Konstellation, für das ungeborene Kind gegenüber der Mutter den gleichen Lebensschutz zu fordern wie etwa für den selbständigen Menschen gegenüber Gewalttätern, müssen scheitern. Und jeder Hinweis darauf, daß der Staat doch die Abtreibung unter Strafe stellen müsse, wenn er für wesentlich geringer zu bewertende Vergehen an Mitmenschen eine Bestrafung vorsehe, ist verfehlt. Juristen, und mit ihnen vor allem Theologen und Politiker, müssen sich von der Fiktion verabschieden, durch das Strafrecht werdendes Leben vom ersten Tag an schützen zu können.

Wenn es gegen den Willen der Frau, die es empfangen hat, nicht bewahrt und schließlich geboren werden kann, liegt es dann nicht eigentlich sehr nahe, das Leben dadurch erhalten zu wollen, daß man versucht, auf den Willen der Frau Einfluß zu gewinnen? Auch die gemeinsame Erklärung der evangelischen Kirchen Deutschlands weist diesen Weg. Wörtlich wird festgestellt, daß das Leben des ungeborenen Kindes »nur mit der schwangeren Frau und nicht gegen sie geschützt werden kann«, und gefolgert: »Es ist um das Ja der Frau – und der ihr nahestehenden Menschen – zu dem ungeborenen Kind zu werben!« Muß sich, so gesehen, eine christliche Kirche nicht darauf beschränken, vom Staat Möglichkeiten zu solcher Einflußnahme zu beanspruchen? Genau auf dieser Linie bewegt sich die »Rosenheimer Erklärung«. Sie ist mit den Landeskirchen aus Ost und West der Meinung, »daß nicht mit Druck oder gar unter Zwang bestimmte Entscheidungen herbeigeführt werden sollen«, Beratung vielmehr eine Atmosphäre des Vertrauens benötigt. Aber wenigstens den Versuch zu machen, die Gewissen zu schärfen, sieht sie als eine der Kirche gemäße Aufgabe. Daß »die letzte Entscheidung«, ob eine medizinische Indikation gegeben ist, die als »ethisch gerechtfertigt« erscheint, oder eine soziale, die immer nur als »letzter Ausweg« gesehen werden kann, der schwangeren Frau überlassen bleiben soll, nimmt den Ärzten eine schwere Verantwortung ab. Nach der in den alten Bundesländern geübten Praxis haben sie ja nicht nur über die medizinische, sondern auch über die soziale Indikation zu befinden. Viele Ärzte lehnen diese Regelung ab. Sie können zwar eine medizinische Indikation nahelegen, wenn das Leben der Schwangeren gefährdet erscheint. Wie aber sollen sie eine soziale »Notlage« ermessen, die oft weit über finanzielle und wirtschaftliche Aspekte hinausgeht und höchst subjektiv empfunden wird? Sich damit vertraut zu machen muß ihnen unbenommen sein. Auch wenn eine schwangere Frau sich für einen Abbruch entscheidet, hat ja jeder Arzt sich zu fragen, ob er vor seinem Gewissen verantworten kann, ihn vorzunehmen.

Die »Rosenheimer Erklärung« hätte wohl nicht so großes Aufsehen erregt und die Gemüter so erhitzt, wenn nicht im letzten Augenblick der Landesbischof der Evangelisch-Lutherischen Kirche in Bayern, Johannes Hanselmann, sich von ihrer entscheidenden Aussage distanziert hätte. Weder der Präsident noch Professor Track, noch ich hatten damit gerechnet, vielmehr Initiativen des Landesbischofs zur Ergänzung und Änderung des Textes als Signal für ein grundsätzliches Einverständnis gewertet.

Zur Begründung für seine Distanzierung verwies er darauf, daß eine von ihm vorgeschlagene Änderung bei der Abstimmung im Plenum ein Patt ergeben hatte und somit abgelehnt worden war. Hanselmann wollte die Formulierung: »In Konfliktsituationen kann die letzte Entscheidung der betroffenen Frau von niemandem abgenommen werden; sie muß sie in ihrer Verantwortung vor Gott treffen« durch die Aussage ersetzen: »In Konfliktfällen kann der betreffenden Frau die letzte Verantwortung, die sie vor Gott zu tragen hat, von niemandem abgenommen werden.« Ist der Unterschied zwischen beiden Aussagen aber wirklich so groß, daß er eine Distanzierung des Landesbischofs von der Entscheidung der Landessynode rechtfertigt? Hat, wer die »letzte Verantwortung« zu tragen hat, nicht auch Anspruch auf die letzte Entscheidung?

Solches Nachfragen und Abwägen erspart sich natürlich, wer sich in der Auseinandersetzung um die Neufassung des Paragraphen 218 schlicht auf Gottes Gebot »Du sollst nicht töten« beruft. Nur wer in besonderen Konfliktfällen Ausnahmen zuläßt, muß die Kriterien dafür benennen. Das versäumt auch die gemeinsame Erklärung der evangelischen Landeskirchen aus Ost und West. Aber kann gerade der zum Verständnis für den Mitmenschen, zur Nächstenliebe verpflichtete Christ sich auf Gottes Gebot zurückziehen und die Augen vor Notlagen verschließen, in die manches Paar und vor allem Frauen durch eine ungewollte Schwangerschaft geraten? Der Hinweis darauf, daß wir Deutschen pauschal betrachtet und an einer starken Mehrheit orientiert, im Wohlstand leben, hilft doch denjenigen nicht, die von eben dieser im Wohlstand lebenden Gesellschaft an den

Rand gedrängt werden. Schon die »Memminger Erklärung« der bayerischen Landessynode von 1986 hat deshalb betont, es ginge »nicht um ein Zurück zu früheren gesetzlichen Regelungen«; viele Frauen seien dadurch in Verzweiflung getrieben und »unverantwortlich Handelnden ausgeliefert« worden.

Meinungen zum Abbruch einer Schwangerschaft zu konkretisieren konnte das überhaupt Aufgabe einer Synode sein? Würde sie das nicht besser den politischen Parteien und schließlich dem Deutschen Bundestag überlassen? Ich habe mich gelegentlich dagegen gewandt – die »Barmer Erklärung« vor Augen –, daß sich die Kirche in das politische Tagesgeschäft mengt. Das Leben zu wahren aber ist von so grundsätzlicher weltanschaulicher Bedeutung, daß sich keine Religion und keine Konfession einer Auseinandersetzung darüber entziehen kann. Als Staatsminister Anton Pfeifer zur Eröffnung der ersten gesamtdeutschen EKD-Synode in Coburg die Grüße des Bundeskanzlers überbrachte, hob auch er hervor, welch großen Wert die Politik auf kirchliche Stellungnahmen zu ethischen Fragen lege. Wenn nun Teile einer Synode, die vehement für den Schutz des ungeborenen Lebens eintritt, gleichwohl glauben, in besonderen Situationen dennoch eine Abtreibung als »letzten Ausweg« verstehen zu können, sind solche Situationen zu kennzeichnen. Die Synode drängt sich dann nicht in das »weltliche Regiment«, sondern entspricht aus aktuellem Anlaß der Aufgabe, die sie an der Nahtstelle zwischen weltlichem und geistlichem Regiment als kirchenleitendes Organ zu erfüllen hat.

Wenn ein Abbruch gegen Gottes Gebot verstößt, also Sünde ist, gerade dann kann diese nur von der betroffenen Frau verantwortet werden. Sie hat vielleicht ein Leben lang darunter zu leiden; sie hat sich zu rechtfertigen vor Gott. Als der Rat der EKD schon 1972 für Straffreiheit eintrat, hat er denn auch betont: »Wo sich menschlich gesehen einer Frau kein anderer Ausweg zeigt, ist es ihre Gewissensentscheidung, ob sie von der durch Straffreiheit gegebenen Möglichkeit Gebrauch macht.« Und die Erfahrung der Beratungsstellen besagt doch, daß die meisten Frauen, haben sie sich erst einmal vom ersten Schrecken einer ungewollten Schwangerschaft erholt, das werdende Leben bewahren, ein Kind zur Welt bringen möchten. Oft genug sind es die Männer, die andere Lebensziele haben, als Vater zu werden, oder befinden, daß zwei oder drei Kinder »reichen«.

Es gehört in ideologischer Verengung begründete Chuzpe dazu, der »Rosenheimer Erklärung« vorzuwerfen, sie gebe den »grenzenlosen Babymord« frei. Sind wir denn nicht längst mit einem solchen Babymord konfrontiert? Nach amtlichen Schätzungen werden in Deutschland Jahr für Jahr zwischen 200 000 und 300 000 Kinder im Mutterleib getötet; unter der Gesetzgebung der ehemaligen DDR prozentual etwa ebenso viele wie unter dem Paragraphen 218 der Bundesrepublik. Macht es da noch Sinn, für diesen Paragraphen in einer jeden Andersdenkenden diffamierenden Verhärtung zu kämpfen? Beruhigt es nicht bloß das eigene Gewissen? Schau her, ich halte an Gottes Geboten fest! Oder gar: ich nehme sie noch absolut, lasse keine Ausnahme zu. Ich meine, es ist an der Zeit, über neue Wege nachzudenken, auch zu streiten, wie man das werdende Leben beschützen kann. »Entscheidend ist in jedem Fall der tatsächlich erzielte Schutz des ungeborenen Lebens«, heißt es in der gemeinsamen Erklärung der evangelischen Landeskirchen. An eben dieser Zielsetzung orientiert sich die »Rosenheimer Erklärung«; stößt über Gewissensethik zu Verantwortungsethik vor.

In einem »Protestpapier« zur »Rosenheimer Erklärung« wird von emeritierten Oberkirchenräten der Kirche vorgehalten, sie müsse »im Rahmen ihres Wächteramtes für den bestmöglichen Schutz des Lebens eintreten«. Gewiß. Das will die »Rosenheimer Erklärung«. Just dafür streite ich. Die bisherige Regelung in der Bundesrepublik kann doch unmöglich schon den »bestmöglichen Schutz des Lebens darstellen«. Ob ihn allerdings überhaupt der Gesetzgeber bieten kann? Ob nicht vielmehr die Kirche ihre Aufgabe gerade darin sehen sollte, der Gesellschaft ihre Verantwortung gegenüber Gott und seiner Schöpfung und damit auch für die Bewahrung des menschlichen Lebens, zumal des ungeborenen, bewußt zu machen? Sie muß sich, mehr als bisher, selbst in die Pflicht nehmen für das moralische Verhalten der Gesellschaft.

Heinz Burghart

3. Brief von Hanns Leiner an Heinz Burghart

Sehr geehrter Herr Burghart!

Zu allererst möchte ich Ihnen sagen, wie sehr ich Sie schätze wegen Ihrer hervorragenden Beiträge als Kommentator und Moderator im Fernsehen. Von daher kenne ich Sie als einen Mann mit klarem Blick und fundiertem, sachlichem und nüchternem Urteil in politischen und gesellschaftlichen Fragen. Besonders hat es mich immer wieder gefreut zu bemerken, daß Sie dabei als evangelischer Christ die lutherische Unterscheidung zwischen dem weltlichen und geistlichen Regiment Gottes anwenden und in Ihren Entscheidungen zum Tragen bringen. Das ist ja leider heute in unserer Kirche selten geworden!

Um so mehr hat es mich verwundert und – ehrlich gesagt – irritiert, daß ich Sie auch unter den Befürwortern der sogenannten »Rosenheimer Erklärung« finde. Es trifft sich so, daß ich mich mit der Thematik der Abtreibung etwa zur Zeit der Frühjahrssynode gründlich befaßte und einen Aufsatz dazu geschrieben habe, in dem ich zu ganz anderen Ergebnissen gelangte als die Synode und den ich im Korrespondenzblatt veröffentlichen wollte und will. Ursprünglich hatte ich die Absicht, Ihnen sofort zu schreiben und meine Arbeit zu schicken; doch dann unterließ ich es, in der Hoffnung, daß Sie sie sowieso zu lesen bekämen. Daraus wird nun vor der Herbstsynode nichts mehr werden. Außerdem wurde mir erst letzter Tage Ihre Begründung Ihrer Entscheidung zugänglich gemacht. Sie hat mich auch nicht überzeugt. Ich verstehe Ihre Haltung immer noch nicht und erlaube mir, Ihnen jetzt meine Arbeit zu schicken und im Zusammenhang damit meine Fragen an Ihre Darlegungen zu stellen.

Ich glaube Ihnen Ihr »Just dafür streite ich«, wenn es mir auch von Ihren Argumenten und Konsequenzen her schwer fällt. Von diesem, Ihrem Ansatz zugunsten des ungeborenen Lebens her hätten Sie m. E. zu einem anderen Ergebnis kommen müssen. Von daher hätten Sie bei der Memminger Erklärung bleiben müssen. Die spricht ja nun doch eine andere Sprache als die Rosenheimer Erklärung. Es ehrt Sie, daß Sie die Rosenheimer Erklärung von der Memminger her lesen und verstehen wollen, doch dieser Versuch kann nicht gelingen. Gerade wenn die beiden Erklärungen übereinstimmen würden, hätte es keiner neuen bedurft. Es hätte genügt, an die frühere zu erinnern und sie eventuell zu wiederholen. Erliegen Sie bei Ihrem Versuch, beide Erklärungen zu harmonisieren, nicht einer – sehr verständlichen – Selbsttäuschung? Ein Konsens läßt sich zwischen beiden ebenso wenig herstellen, wie es den von Präsident Haack angestrebten Mittelweg zwischen § 218 und der Fristenregelung gibt.

Ebensowenig darf die »letzte Entscheidung« der schwangeren Frau überlassen werden. Das Wort »Entscheidung« taucht ja in der Rosenheimer Erklärung II nicht nur hier, in dem zu Recht umstrittenen Spitzensatz auf, sondern in verschiedenen Verbindungen insgesamt sechsmal, wenn ich recht gezählt habe. Diese fast inflationäre Häufung der Rede von Entscheidung suggeriert dem Leser, es bestünde hier tatsächlich ein Entscheidungsspielraum, eine echte Entscheidungsmöglichkeit. Dem ist jedoch nicht so!

Der anscheinend so plausible Satz, daß das Leben des Ungeborenen nur mit der Schwangeren zu erhalten sei und nicht gegen ihren Willen, stellt in dieser Form eine verblüffende und darum umso gefährlichere Halbwahrheit dar. Er verschleiert das Problem und dient darum nicht der Klärung, sondern der Verwirrung: In ihm werden zwei Ebenen miteinander vermischt, die es zu unterscheiden gilt: die faktische und die ethische. Auf der Tatsachenebene hat er freilich, leider Gottes, recht: Gerade unter den heutigen Verhältnissen wird man eine Frau, die entschlossen ist, ihr ungeborenes Kind zu töten, nicht davon abhalten können. Sie hat die Entscheidungsmöglichkeit oder -macht, das zu tun. Doch auf der ethischen Ebene sieht das ganz anders aus: Hier geht es um das Entscheidungs*recht,* und das steht ihr nicht zu. Sie darf nicht tun, was sie tun kann.

Wenn die Synode das ernst genommen hätte, was sie über die »Unverfügbarkeit« menschlichen Lebens auch schreibt, hätte sie eigentlich merken müssen, daß es hier – so gut wie – nichts zu entscheiden gibt. Entscheidungsfreiheit der Frau und Unverfügbarkeit menschlichen Lebens schließen sich logisch und auch theologisch aus.

Ihr die »Entscheidung« zur Abtreibung nicht mehr zu bestreiten und ihr also nicht mehr zu sagen: Du tust Unrecht, wenn du das tust!, das kommt der ethischen Resignation oder Kapitulation vor dem Unrecht gleich. Das klingt so, als würde jemand argumentieren: Das Eigentumsrecht kann nur im Einverständnis mit dem Dieb geschützt werden, also lassen wir ihn von Fall zu Fall darüber entscheiden, ob er dies Recht achten will. »Der Täter soll am besten selbst über seine Straffreiheit befinden« (E. Brießmann: Eine Privatmoral kann die Gebote der Verfassung nicht ersetzen, in die WELT vom 20. 9. 1991).

Leider finde ich in der Argumentationsstruktur der Rosenheimer Erklärung eine solche ethische Resignation, die sich der »normativen Kraft des Faktischen« beugt und gut heißt, was nicht mehr zu verhindern ist, also aus der Not eine Tugend machen will.

Richtig wendet dagegen der Appell der »Lebendigen Gemeinde« München an die Evang.-Luth. Kirche in Bayern ein: »Die Synode spiegelt damit den Betroffenen und der gesamten Öffentlichkeit vor, daß die »betroffene Frau« einen Entscheidungsspielraum über Leben und Tod ihres ungeborenen Kindes besäße, den nur Gott hat und in seinem fünften Gebot ausdrücklich schützt« (Informationsblatt 91/3, S. 3).

Daß auch Männer und Frauen, die es ernst meinen mit dem Schutz für das ungeborene Leben, der Rosenheimer Erklärung zustimmten, das vermag ich mir nur so zu erklären, daß Sie sich tatsächlich von der Eloquenz der Theologie aus Neuendettelsau, die alles andere ist als lutherisch, täuschen ließen und also eine »Mogelpackung« gekauft haben.

D. h. wenn Sie wirklich die volle Menschennatur des Ungeborenen anerkennen. Zunächst tun Sie das ja auch – übrigens mit der Rosenheimer Erklärung: »Abtreibung ist Tötung menschlichen Lebens« –, doch dann schränken Sie das ein: »Wohl besitzt das ungeborene Kind ein eigenständiges, aber kein selbständiges Leben; ist voll und ganz abhängig von der Mutter« und ziehen daraus die Folgerung: »Darum hinkt jeder Vergleich, der für das ungeborene Kind den gleichen Lebensschutz fordert gegenüber der Mutter wie für den selbständigen Menschen gegenüber Gewalttätern.« Hier sehe ich in Ihrer Position eine folgenschwere Unschärfe: Was ist denn der ungeborene Mensch eigentlich in Ihrer Ansicht?

Mensch oder noch-nicht-Mensch? Gibt es Menschsein in abgestufter Würde? Kann man hier quantifizieren: Halb Mensch, ein Drittel Mensch? So zu fragen, zeigt die Unhaltbarkeit, die Absurdität solcher Einschränkung auf! Wenn aber Mensch, dann darf man doch aus der Abhängigkeit – von der Mutter oder anderen – keine geringere Schutzwürdigkeit ableiten. Abhängig von der Mutter ist und bleibt ja auch der geborene Mensch noch lange Zeit, und in einem tieferen Sinn sind wir alle ein Leben lang abhängig vom Leben und Tun anderer Menschen: Schränkt das etwa die Unverfügbarkeit menschlichen Lebens ein? Christlich gesehen ist es doch genau umgekehrt: Je abhängiger, hilfloser und schwächer, desto schutzwürdiger und unantastbarer ist der Mensch. Mir scheint, hier hinkt *Ihre* Argumentation gewaltig und mit gefährlichen Folgen! Auch wenn es uns die ethische Entscheidung schwer bis unmöglich macht, werden wir nicht darum herumkommen zu sagen, daß das ungeborene Kind auch gegenüber seiner Mutter den gleichen Lebensschutz fordert und fordern darf wie der »selbständige« Mensch gegenüber Gewalttätern.

Und darum ist auch der Spitzensatz der Rosenheimer Erklärung: »In Konfliktfällen kann die letzte Entscheidung der betroffenen Frau von niemandem abgenommen werden. Sie muß sie in ihrer Verantwortung vor Gott treffen«, so erschreckend falsch. Hier wird mit dem Wort »Verantwortung« gespielt, ja geradezu Schindluder getrieben: So als ob man die Tötung menschlichen Lebens – entschlossen – vor Gott verantworten könnte. Auch Sie geraten in dieses gefährliche Fahrwasser, wenn Sie schreiben: »Wenn ein Abbruch gegen die göttliche Ordnung und Gottes Gebot verstößt, also Sünde ist, gerade dann, kann diese nur von der betroffenen Frau verantwortet werden.« Wenn Sie nur geschrieben hätten: »Muß verantwortet werden!« So jedoch klingt das, als könnten wir Sünde verantworten vor Gott, im heutigen Verständnis von »verantworten«: Uns mutig dazu bekennen, weil es im Grunde nicht so schlimm bzw. »gerechtfertigt« sei. Davon kann christlich verstanden keine Rede sein. Sünde kann nur bereut, gebeichtet, beklagt und widerrufen werden, sie verurteilt und verdammt uns vor Gott. Allerdings – und das haben wahrscheinlich Sie und die Synode gemeint – werden wir dafür von Gott zur Verantwortung gezogen. Wir *müssen* die Verantwortung tragen, selbst wenn wir es nicht können. Wir werden bei unserem Tun von Gott behaftet. Das meinte der Herr Landesbischof in seinem Vorschlag, der auf das mißbräuchliche Wort Entscheidung verzichtet und von der Verantwortung der Frau sagt: »... die sie vor Gott *zu tragen hat.*« Der Unterschied ist gewaltig und es gehört wohl zu der Blindheit, mit der die Synode geschlagen war, daß sie ihn nicht wahrnahm. Der Bischof hat das Wort Verantwortung im biblischen Sinne verwendet, die Synode nicht. Paradox ausgedrückt geht es hier um folgendes: Wir müssen uns vor Gott für das verantworten, was wir nicht vor ihm verantworten können. Das Eingreifen des Landesbischofs halte ich deswegen für sehr nötig und berechtigt, wenn es auch leider etwas spät kam und seine Weigerung, Teil II der Rosenheimer Erklärung zuzustimmen, eine bessere und tiefere Begründung verdient hätte.

Was die Begründung für den Schutz des Ungeborenen betrifft, so finde ich ebenso wie Sie, daß wir nicht nur »schlicht« vom fünften Gebot her argumentieren sollten. Das führt uns tatsächlich nur in eine unlutherische Gesetzlichkeit. Wie die wirkliche christlich-ethische Begründung vom Liebesgebot und der Gesetzesauslegung Jesu her aussehen sollte, habe ich in meinem Aufsatz dargelegt. Das macht aber die Sache nicht leichter für uns, sondern viel schwerer! Der Sinn des Gebots ist der Schutz des Menschen. Es will ihn vor Schuld und Unheil bewahren. Das sollten wir nicht verdunkeln!

Zum Schluß noch ein paar Bemerkungen zur Unterscheidung der beiden Regimente Gottes: Sicher, Kirche und Staat haben in dieser Frage nicht das gleiche zu tun, wenn sich auch ihr Handeln wechselseitig beeinflußt. Was ich für die Aufgabe der Kirche halte: Kurz gesagt, das Gebot Gottes zu verkünden und zwar als den guten, menschliches Leben bewahrenden, schützenden Willen Gottes; alle Übertretungen deutlich beim Namen zu nennen, Unrecht Unrecht zu heißen und sich nicht davor zu scheuen, Abtreibung – jedenfalls in der massenhaften Form unserer Gesellschaft – Sünde zu nennen, davor im Namen Gottes zu warnen und sich gegen alle Verharmlosungen (»Entkriminalisierung«) dieser Tötungsdelikte in unserer weithin säkularisierten Gesellschaft zu stemmen; natürlich auch zu helfen, wo immer es möglich ist und – im Einzelfall – die Frauen, die unter den Folgen einer Abtreibung leiden, zu trösten und ihnen auch Gottes Vergebung zuzusprechen, wenn sie wirklich begehrt wird. Die wichtigste Aufgabe und den größten Dienst der Kirche sehe ich hier jedoch in dem öffentlichen Widerspruch gegen die Mißachtung des Lebensrechts der Ungeborenen und damit auch die Forderung an die Politiker, Gesetze zu schaffen, die den – von der Verfassung gebotenen – Lebensschutz so wirksam wie möglich garantieren.

Die Rosenheimer Erklärung hat – gemessen an dieser Aufgabe der Kirche – völlig versagt, ja sie ist sogar den Politikern in den Rücken gefallen, die sich aus christlicher Verantwortung in dieser Sache ihre Aufgabe nicht leicht machen und sowieso im Parlament einen schweren Stand haben. Die Forderung oder der Rat, Abtreibung aus dem StGB herauszunehmen, stellt zudem einen politischen Rat dar, der über die Kompetenzen der Kirche hinausgeht und nach meiner Einschätzung als Bürger unseres Landes völlig falsch ist. Für das jetzige Gesetz ein noch gar nicht formuliertes »Gesetz zum Schutz des menschlichen Lebens« à la Frau Süßmuth einzutauschen, halte ich für eine »Katze im Sack« oder auch eine Mogelpackung.

Im weltlichen Regiment sollten selbstverständlich alle möglichen Rahmenbedingungen geschaffen werden, die es Frauen und Familien erleichtern, ihre Kinder ohne allzu große Einschränkungen und Belastungen aufzuziehen. (Als Vater von vier Kindern weiß ich, wovon ich rede!) In dieser Hinsicht sind die Forderungen der Rosenheimer Erklärung an den Staat durchaus berechtigt und hilfreich; es fehlt hier ja noch viel. Allerdings darf man den rechtlichen Schutz des ungeborenen Lebens nicht von der Erfüllung dieser Forderungen abhängig machen.

Darüber hinaus kommt der Staat nicht darum herum, diejenigen mit Strafe zu bedrohen, die grundlegende Rechte des Menschen mißachten. Mit Ermahnung und Beratung ist es hier nicht getan. Der Staat hat nicht bloß zu »predigen«. Dafür ist u. a. das StGB geschaffen. Die Notwendigkeit ergibt sich aus der Tatsache der »unerlösten Welt«. Das gilt gerade auch für die Abtreibung (im einzelnen dazu das immer noch gültige Urteil des BVG von 1975). Die Frage, wie weit die im StGB ausgesprochenen Verbote wirksam sind, steht dabei zunächst gar nicht zur Debatte. Um des allgemeinen Rechtsbewußtseins willen ist es nötig, das Unrecht der Tötung menschlichen Lebens vor der Geburt als Unrecht klar zu kennzeichnen und mit Strafe zu bedrohen und nicht etwa zu »entkriminalisieren«, wie es heute auch in der Kirche gefordert wird. Der Staat darf vor dem Unrecht nicht kapitulieren, auch wenn es sich noch so häufig ereignet. Wir schaffen ja die Gesetze gegen Eigentumsdelikte auch nicht wegen ihrer häufigen Übertretung ab!

Hilfreich können solche Gesetze schon deshalb sein, weil die Schwangere tatsächlich sich in einer labilen seelischen Lage befindet und dazu noch oft der Pression ihres Partners oder ihrer Eltern ausgesetzt ist.

Die Wirkungslosigkeit der jetzigen Gesetze § 218 f. beklage ich auch. Sie kommt wahrscheinlich daher, daß die Justiz es nicht mehr wagt, davon Gebrauch zu machen – und wenn sie es tut, sich gegen sie das Geschrei »Hexenprozeß« wie in Memmingen erhebt! Im übrigen wäre hier sehr viel Aufklärungsarbeit nötig, daß es sich um Schutzgesetze, erlassen zum Schutz des ungeborenen menschlichen Lebens, handelt. Es müßte viel mehr auch von dem Kind die Rede sein, um dessen Leben es geht, und nicht nur von der Frau und der werdenden Mutter.

Bei einer Neuformulierung der einschlägigen Paragraphen würde ich mir eine deutliche Erschwerung oder Einschränkung der sogenannten sozialen oder Notlagenindikation wünschen. Den Zustand, daß wir faktisch eine Fristenregelung haben, halte ich für unerträglich und – mindestens – für eine Schande für unser Land. *Hiergegen* hätte die Rosenheimer Erklärung ihre Stimme erheben müssen, wenigstens diesen Mißstand anprangern und die Christen in unserem Land aufrufen, sich nicht damit zufrieden zu geben oder gar daran zu beteiligen. Das vermisse ich leider in dieser Deutlichkeit. Indem sich die Rosenheimer Synode mehrheitlich die Sicht oder Perspektive der Frau zu eigen gemacht hat, sich mit ihr solidarisiert und so die Tatsache der massenhaften Abtreibung allzu bereitwillig hinnimmt und »versteht«, damit duldet und bagatellisiert und nicht als das bewertet, was sie ist, menschliches Unrecht und Sünde, macht sie sich mitschuldig an dem herrschenden Unrecht.

Die Rosenheimer Erklärung hat versäumt zu tun, was Sache der Kirche ist, und versucht, durch ihr Nein zur staatlichen Strafandrohung den Staat davon abzuhalten, was seine Sache ist. Damit versagt sie im geistlichen und im weltlichen Regiment, weil sie beides – gegen den ausdrücklichen Rat Luthers – ineinander mengt.

Hanns Leiner

IV. GRUNDSÄTZLICHE THEOLOGISCHE ERÖRTERUNG

Abtreibung als rechtliches und ethisches Problem im Lichte der lutherischen Zwei-Regimenten-Lehre

Die Frage der Abtreibung kann unter *verschiedenen Aspekten* behandelt werden: dem biologischen, medizinischen, juristischen, gesellschaftlichen, psychologischen, moralischen, theologischen und christlich-ethischen. Hier sollen nur rechtliche, theologische und christlich-ethische Probleme berücksichtigt werden.

Bei einer *theologischen Auseinandersetzung* mit dieser notvollen Frage kommt alles darauf an, die *verschiedenen Gesichtspunkte oder Ebenen* auf denen wir den Konflikt behandeln, richtig *zu unterscheiden*. Als sehr hilfreich erweist sich hier Luthers Unterscheidung eines *doppelten Gebrauchs des Gesetzes* in den *beiden Regimenten* des *usus civilis* im weltlichen Regiment und des *usus theologicus* / elenchthicus legis im geistlichen Regiment. Beide spielen eine unterschiedliche Rolle für den Christen und für beide gelten ganz verschiedene Strukturen. Der usus civilis hat es mit der weltlichen Gerechtigkeit zu tun und also auch mit den Gesetzen des Strafrechts (StGB). *Der Staat* hat für die Formulierung des Rechts und seine Einhaltung zu sorgen, die Kirche aber für die Begründung und Gestaltung christlichen Lebens, also der christlichen Ethik. Es ist hier sicher nicht Sache der Kirche zu strafen, aber sehr wohl des Staates; und wir dürfen als Kirche der strafenden Gerechtigkeit des Staates nicht einfach in den Arm fallen mit dem Hinweis auf das Evangelium. Der usus civilis legis ist christlich gesehen legitim und notwendig. Ihn meint das Augsburger Bekenntnis Artikel 28, wenn Melanchthon dort schreibt: »Die geistliche Gewalt soll nicht in das Amt der weltlichen Gewalt... greifen.«

Zur *Aufgabe der Kirche* im geistlichen Regiment gehört sicher das aufrichtende Wort des Evangeliums und die Verkündigung der *Vergebung* – aber nicht nur! Zuvor und daneben hat die Kirche durchaus auch *Gesetz zu predigen*. Doch dabei handelt es sich jetzt um ein viel tiefer gehendes Gesetz: das geistlich verstandene Gesetz Gottes, das unsere Sünde aufdeckt, sie uns bewußt macht und uns unserer Übertretung überführt, eben das, was mit dem *usus elenchthicus legis* gemeint ist. Hier begegnet uns das Gesetz in der Radikalität, wie es Jesus besonders in der Bergpredigt ausgelegt und Paulus im Römerbrief entfaltet hat: »Durch das Gesetz kommt die Erkenntnis der Sünde.« Beides *Gericht und Gnade«*, muß die Kirche verkündigen, müssen wir hören und theologisch unterscheiden. Beides darf auch nicht auseinandergerissen werden. Heute geschieht das leider oft in Form eines *Gnadenmonismus*, der es nicht mehr wagt, an das Gesetz Gottes ernsthaft zu erinnern. In mancher Hinsicht grenzt die heutige kirchliche Haltung an eine Neuauflage des *Antinomismus*. Erst mit der richtigen Unterscheidung von *Gesetz und Evangelium*, an der Luther so viel lag, vermag die kirchliche Verkündigung dem Menschen dazu zu helfen, ein neuer Mensch zu werden und in Christus die Kraft zu finden, dessen Liebe weiterzugeben in der Liebe und Freiheit der Kinder Gottes.

Von daher ergeben sich wie bei allen ethischen Fragen auch bei der Auseinandersetzung mit der Abtreibung drei Gesichtspunkte: I. Das bürgerliche Gesetz im weltlichen Regiment. II. A. Das göttliche Gesetz und II. B. Das Evangelium im geistlichen Regiment.

*I. Abtreibung im Lichte der lex civilis
(des weltlichen Regiments):*

1. Hier halte ich es für legitim, ja notwendig, »*gesetzlich*« zu denken, eben von den *bürgerlichen Gesetzen* her, die das menschliche Zusammenleben aller erhalten und regeln sollen. Hier ist auszugehen vom *Grundgesetz* und von dem Schutz, den es jedem Menschen als Menschen für sein Leben gewährt. Diesen zu garantieren ist die unerläßliche Basis für jede menschliche Gemeinschaft und ihr Zusammenleben. Das *Tötungsverbot* stellt für mich einen ganz wesentlichen Teil des ethisch-rechtlichen Minimalkonsenses dar, ohne den keine menschliche Gemeinschaft zu existieren vermag. Diesen muß der Staat im Dienste der Gesellschaft im einzelnen *durch Gesetze* definieren und auch durch Sanktionen rechtlich schützen. Wenn er das nicht tut, erfüllt er eine wesentliche Pflicht nicht. Dabei kann er, wenn ich recht sehe, grundsätzlich keine Ausnahmen zulassen. Er kann auch nicht auf Strafverfolgung bei Verstößen gegen diesen Grundsatz verzichten.

2. Rechtlich spitzt sich die Fragestellung für mich darauf zu, ob es sich *beim ungeborenen Wesen* im vollen Sinn *um einen Menschen handelt.* Es gibt m. W. eindeutige, biologisch-anthropologische Kriterien, die den *Beginn des Menschseins* auf die Verschmelzung der Keimzellen festlegen. (Daß man diese Aussagen nicht gerne zur Kenntnis nimmt, weil sie einem die Abtreibung juristisch und ethisch sehr erschweren, das steht auf einem anderen Blatt.) Ich habe mich bei meiner Beschäftigung mit der Frage jedenfalls davon überzeugen lassen müssen, daß diese Argumente für die Menschennatur des Embryo richtig sind. Ich habe sie gar nicht absichtlich gesucht, sondern bin von diesen Gründen gewissermaßen fast gegen meinen Willen überwunden worden. Ich verweise – als Nichtfachmann auf diesem Gebiet – auf die Ergebnisse der *modernsten Biologie,* die in den Chromo-

somen die gesamte Erbinformation eines Lebewesens gespeichert sieht. Bei der Vereinigung der beiden Halbsätze der elterlichen Keimzellen entsteht ein neuer, einmaliger, für die ganze Lebenszeit des Individuums konstanter *Erbcode,* der sich später in jeder einzelnen Körperzelle wiederfindet. So gesehen ist der Mensch identisch mit dieser ersten befruchteten Zelle. Alles, was – biologisch – danach kommt, ist demgegenüber sekundär: Teilung, Wachstum, Differenzierung, Entfaltung, aber von außen nichts wesentlich Neues mehr. Dieser ungeborene Mensch ist zu keiner Zeit ein Teil der Mutter, keines ihrer Organe, nicht mit ihr in irgendeiner Weise identisch; er hat eine ganz eigene Formel für sein Körpereiweiß, eine eigene Blutgruppe, entwickelt einen eigenen Blutkreislauf. Er empfängt von der Mutter zwar Schutz, Wärme, Nahrung und Atmung, er gehört eine Zeitlang zur Mutter, aber gehört nicht der Mutter (mein Bauch gehört mir!?).

3. Der ungeborene Mensch ist nach allem, was wir wissen, *Mensch von Anfang* an. Deswegen muß der Staat gegen eine Tötung eines Ungeborenen einschreiten, denn es handelt sich hier um ein Tötungsdelikt, um ein *crimen,* das sich *nicht entkriminalisieren* läßt.

4. Daran vermag auch die allgemeine *Veränderung des Rechts- bzw. Unrechtsbewußtseins* nichts zu ändern. Jedenfalls darf man aus der Tatsache der sich häufenden Rechtsverstöße nicht folgern, daß das Gesetz falsch und überflüssig sei und die Rechtsbrecher im Recht. Welches Rechtsverständnis steht denn dahinter, wenn ich bei sich häufenden Übertretungen sage: Umso schlimmer für das Gesetz? Müßte es nicht eher heißen: Umso schlimmer für ein Land und seine Menschen, besonders für die, die das tun? Wenn man das Verhalten der jeweiligen Mehrheit einfach zum Gesetz erheben würde, gelangte man zu einem *Rechtspositivismus* mit äußerst fragwürdigen Konsequenzen. Ich weiß, daß ich hier eine schwierige rechtsphilosophische Frage berühre, die ich jetzt nicht

im einzelnen entfalten will und kann. Der Rechtspositivismus genügt jedenfalls nicht. Für mich sind etwa die Rassengesetze des Dritten Reiches ein sehr einleuchtendes Beispiel für die Richtigkeit dieser These. Von woher sollte man sonst ihre Unmenschlichkeit begründen?

5. Nun wurde aber in den 70er Jahren der *§ 218 geändert* und soll jetzt sogar die *Fristenlösung* auch bei uns eingeführt werden. Zu solchen Gesetzesänderungen einfach ja zu sagen, das sieht mir allzusehr nach einer Kapitulation vor der Mehrheit aus. Diese Kapitulation als einen Fortschritt der Rechtsentwicklung zu begrüßen, das heißt für mich, aus der Not eine Tugend zu machen, bzw. sich der *normativen Kraft des Faktischen* zu fügen oder sich an der allgemeinen Bejahung des »*geltenden Unrechts*« zu beteiligen.

6. Die Tötung eines ungeborenen Menschen kann ihren Unrechtscharakter nicht verlieren, auch wenn sie mit noch so überwältigender Mehrheit geduldet und selbst wenn sie mit noch so verständlichen Gründen einer werdenden Mutter gefordert wird. Über das *Lebensrecht des Ungeborenen* zu entscheiden, ist nicht Sache von politischen Mehrheiten, auch nicht Sache der Mutter.

7. Da der *Staat* es mit allen Menschen eines Landes zu tun hat und – wegen der menschlichen Sünde – nicht mit allgemeiner Zustimmung und allgemeinem Gehorsam gegen seine Gesetze rechnen kann, er andererseits um des Zusammenlebens der Menschen willen auf die Durchsetzung seiner Gesetze bei allen achten und dringen muß, bleibt es ihm nicht erspart, gegen die Abtreibung zu den *Machtmitteln* zu greifen, die er hat. Er erfüllt seine Aufgabe »unter Androhung und Ausübung von Gewalt« (Barmen V). Dazu gehören eben auch das *Strafgesetzbuch,* Gerichte und Strafvollzug. Wenn der Staat bei Vorliegen bestimmter, schwerwiegender Gründe (= Indikationen) auf die Bestrafung der Abtreibung verzichtet, so heißt das keineswegs, daß sie kein Unrecht sei. Sie bleibt lediglich straffrei.

8. Natürlich ist das Strafen nicht alles, was der Staat zu tun hat. Auch die *sog. flankierenden Maßnahmen* wären zu erwähnen. Aber da im Raum unserer Kirche diese nicht strittig sind, andererseits in Frage gestellt wird, ob der Staat wegen Abtreibung überhaupt strafen solle, muß dies hier deutlich bejaht werden. *Tötungsdelikte* zu verbieten und gegen Übertretungen dieses Verbotes mit *Strafmaßnahmen* vorzugehen, ist nicht nur das gute Recht, sondern geradezu *Pflicht des Staates*. Die Kirche hat gegenüber dem Unrecht allerdings noch mehr und anderes zu sagen und zu tun.

9. Auch *Christen* können und sollen *im staatlichen Bereich* nicht anders argumentieren und nicht mehr erreichen wollen, als eine äußere Eindämmung des Unrechts. Vom Evangelium her lassen sich die Gesetze des StGB allenfalls sub specie aeternitatis relativieren, aber in dieser Welt nicht außer Kraft setzen. Das *Evangelium* stellt weder ein himmlisches noch ein *irdisches Gesetzbuch* dar. Von ihm aus läßt sich deshalb auch kein neues StGB entwerfen, noch das vorhandene reformieren. Das liefe auf eine *Verrechtlichung des Evangelium* hinaus oder auf eine ebenso problematische *Vergeistlichung des irdischen Rechtes* (= Vermischung von Gesetz und Evangelium).

10. Wenn vom Evangelium her dennoch indirekte Folgerungen für das Recht abgeleitet werden sollen, so liegen sie in der *Grundlegung des Rechts* überhaupt, in Richtung der *religiösen Verankerung der Menschenwürde* und des unveräußerlichen Lebensrechts jedes Menschen. Weil Gott jeden Menschen nach seinem Bilde geschaffen und in Christus jeden Einzelnen angenommen und geliebt hat, darum ist er mit einer »*fremden Würde« (Luther)* versehen, die ihm niemand nehmen kann und darf. Dies als Ausdruck einer abzulehnenden »absoluten Selbstverwirklichung des Menschen« (J. Baumann: Das Abtreibungsverbot des § 218 StGB. B II. 4, S. 140) zu bezeichnen, heißt die wahre Sachlage auf geradezu groteske Weise auf den Kopf zu stellen.

11. Dieser *character indelebilis des Menschen* kommt dem Menschen von Anfang an zu. Er entwickelt sich nicht, noch muß er ihm erst nachträglich durch andere Menschen verliehen werden, noch kann er ihm aberkannt werden. Er ist mit dem Menschsein als solchem gesetzt. Es ist von daher nicht möglich und darum auch nicht erlaubt, beim Menschen zwischen dem bloßen Leben und der Menschlichkeit dieses Lebens zu unterscheiden. In dieser Hinsicht ergänzen sich übrigens theologische und biologische Aussagen der Anthropologie nahtlos (Vgl. auch Psalm 139, V. 13–16!).

12. Insbesondere kann und darf die *Menschlichkeit des Menschen nicht von der Annahme durch andere* Menschen (etwa die Mutter oder den Vater oder die Gesellschaft) *abhängig* gemacht werden, wie es in den angeführten Thesen u. a. geschieht: »Menschliches Leben ist nur dann menschliches Leben, wenn und sofern es angenommenes Leben ist« (Abschnitt B II). Es ist zwar richtig, daß das Menschenkind angewiesen ist auf die Annahme und Liebe der Eltern bzw. anderer Bezugspersonen. Es stellt jedoch eine grobe Verdrehung der ethischen Problematik dar, wenn so getan wird, als ob diese frei wären darin, dem Kind diese Annahme zu gewähren oder nicht. Dadurch, daß sie ein neues Leben gezeugt und empfangen haben, schulden sie ihm die menschliche Annahme und Liebe unausweichlich. Hierin sind Eltern und Gesellschaft nicht mehr frei. Alles andere ist Verweigerung der Nächstenliebe und Flucht vor der Verantwortung. Die Annahme ins menschliche Belieben zu setzen, liefe darauf hinaus, daß jeder sich aussuchen könnte, wer sein Nächster ist.

13. Ein *Scheinargument* sehe ich auch darin, wenn eingewendet wird, daß ein Kind, das ungeliebt und nicht angenommen geboren wird und aufwachsen muß, ein beklagenswertes und *nicht lebenswertes Leben* führt. Einmal: Was ist ein nicht lebenswertes Leben und wer entscheidet darüber? Dürfen das die leiblichen Eltern

tun in bezug auf ihr ungeborenes Kind? Im übrigen empfinde ich den Verweis auf das schon geborene Leben in diesem Zusammenhang als Ablenkungsmanöver: Selbst wenn es wahr wäre, daß wir unsere Verantwortung gegenüber den Geborenen nicht – genügend – erfüllen (was ich in dieser Verallgemeinerung nicht gelten lassen kann), so würde das niemanden dazu berechtigen, deswegen auch mit dem ungeborenen menschlichen Leben »großzügig« umzugehen! So wahr es ist, daß ein Kind unter mangelnder Annahme und Liebe schwer leidet, so schief ist das Argument für die Abtreibung, das daraus abgeleitet wird. Es klingt das für mich so, als würden die Eltern zu ihrem Kind sagen: »Da wir dich nicht lieben können, bringen wir dich lieber gleich um. Wir ersparen dir durch diese ›fürsorgliche Tötung‹ viel Kummer und Leid.« Erst in einer solchen entlarvenden Zuspitzung zeigt sich die ganze Lieblosigkeit und Herzlosigkeit dieser Argumentation. Glücklicherweise lehrt die Erfahrung, daß viele zunächst nicht gewollte Kinder, die trotzdem geboren wurden, nachher auch angenommen und geliebt wurden. Genau das ist die einzig menschliche Antwort, die – abgesehen von ganz schwierigen und seltenen Ausnahmen – den Betroffenen gegeben werden kann: Schenkt eurem Kind die Liebe, die ihr ihm schuldet! Hier gilt noch mehr das, was sich Luther in Bezug auf seine Frau sagte: »Weil ich dich habe, darum muß ich dich lieb haben.« Im übrigen müssen es nicht immer die leiblichen Eltern sein, die dem Kinde die nötige Liebe und Geborgenheit schenken: Auch Ersatzeltern können das tun, und es gibt genug, die das auch tun wollen. Eine Freigabe zur Adoption wäre in jedem Fall der humanere Weg als die Tötung!

14. Gerade deswegen, weil die *Verantwortung* so groß ist, die Mann und Frau mit der Zeugung menschlichen Lebens auf sich nehmen, muß man den Umgang mit der eigenen *Sexualität und verantwortliche Elternschaft* so ernst nehmen. Mann und Frau sind – mit gewissen Ein-

schränkungen – frei, darüber zu entscheiden, ob sie ein neues menschliches Leben zeugen wollen oder nicht. Wenn es aber zur Zeugung gekommen ist, so ist damit ein neuer Mensch entstanden. Diesen zu töten, haben sie nicht das Recht, dazu sind sie nicht mehr frei. Sie haben ein unwiderrufliches Faktum geschaffen, das nur mehr um den Preis schwerer Schuld wieder zerstört werden kann. Denn *Abtreibung* ist *immer Tötung menschlichen Lebens*. Jede andere Beurteilung nimmt die Tatsachen und die Verantwortung nicht ernst.

Soweit die Überlegungen unter allgemein rechtlichen und menschlichen Gesichtspunkten. Jeder auf dem Boden des Grundgesetzes stehende, verantwortungsbewußte und unvoreingenommen sich informierende Mensch müßte in der Lage sein, diese Überlegungen nachzuvollziehen und sich zu eigen zu machen. Denn bisher habe ich nirgends spezifisch christliche Erkenntnisse oder Gebote vorausgesetzt.

II. Vom christlichen Glauben her fällt ein doppeltes Licht auf unsere Frage: Sie läßt sich sachgemäß nur unter dem Doppelaskpekt von Gesetz und Evangelium behandeln:

A. Im Lichte des Gesetzes Gottes:

1. Gesetz bedeutet hier noch etwas anderes als im weltlichen Bereich: Hier ist *Gottes heiliger Wille* gemeint, den uns Jesus ausgelegt und ihn dabei in erschreckender Weise radikalisiert, verschärft und verinnerlicht hat. Dies Gesetz kann nur »von ganzem Herzen, von ganzer Seele und mit aller unserer Kraft« erfüllt werden. Es verlangt letzten Endes nicht weniger als unsere *Vollkommenheit* (Matth. 5, 48). Deswegen wird es meistens für uns zum *verklagenden Gesetz* (usus elenchthicus legis). Dieses Gesetz schärft unser Gewissen und macht uns die Abtreibung noch viel schwerer als das weltliche. Es verlangt viel mehr von uns als das Strafgesetzbuch. – Dabei

berücksichtige ich hier in erster Linie die *individuelle christliche Verantwortung* (mit T. Rendtorff). Ich fühle mich dazu berechtigt, da trotz aller gesellschaftlichen Zusammenhänge die Abtreibung oder Nicht-Abtreibung der Entscheidung und Verantwortung der werdenden Mutter und der ihres Mannes/Partners auferlegt ist, ob sie das wollen oder nicht.

2. *Angesichts der Liebe Christi* zu den Kleinen und Schwachen, sie ist der Maßstab des christlich verstandenen Gesetzes, wird die menschliche *Lieblosigkeit und Hartherzigkeit* noch viel krasser sichtbar, die darin besteht, einen schutzlosen, ungeborenen Menschen zu töten – aus welchem Grunde auch immer. Gerade christliche Eltern, die im Vertrauen auf den dreieinigen Gott und von seiner grundlosen Barmherzigkeit leben, sollten in der Lage sein, in diesem Vertrauen die *Last anzunehmen,* die eine ungewollte Schwangerschaft bedeuten kann. Sie müßten auch offen sein für die unerwartete *Fügung und Führung Gottes,* die ihnen in dem Ungeborenen geschieht und im Glauben die Kraft finden, sie anzunehmen als Herausforderung und Chance. Sie bleibt dann sicher nicht nur Last und Mühe.

3. So haben christliche Eltern wohl in früheren Zeiten gehandelt, denn wahrscheinlich die *wenigsten Kinder* sind von vornherein *Wunschkinder* gewesen. (Von daher wäre überhaupt das ganze Konzept der »Wunschkinder« einmal kritisch unter die Lupe zu nehmen!) Wir dürfen und können ja auch sonst die Lasten, die uns auferlegt werden, nicht einfach abschütteln. Im übrigen kann selbst das erwünschte, ersehnte Kind schwere Last bedeuten, wenn es etwa behindert geboren wird oder später Schwierigkeiten bereitet.

4. Eine *Konfliktschwangerschaft* stellt für die Eltern immer eine *Probe ihres Glaubens* dar und wird Christen zu der Bitte bewegen: Herr, schenke uns die Kraft, diese Aufgabe anzunehmen und in Liebe zu erfüllen! Was sollte sonst das Wort Jesu bedeuten von dem *Kreuz,* das

wir ihm *nachtragen?* Sicher, sogar Jesus hat darum gebetet, daß das Kreuz an ihm vorübergehen möge. Diese Bitte ist menschlich und verständlich, auch bei Eltern oder Müttern, denen die Belastung durch eine Schwangerschaft zu groß und schwer zu werden droht. Doch sollte diese Bitte auch bei uns mit dem Zusatz Jesu gebetet werden: »Nicht wie ich will, sondern wie du willst!« Hier ist dann ganz konkret der *Verzicht* auf eigene Lebenschancen, Pläne, Möglichkeiten der »Selbstverwirklichung« gefordert, in dem Vertrauen, daß auch schwere Wege ihren Sinn haben und vielleicht gerade besonders der menschlichen Entwicklung und Reife dienen.

5. In den wenigsten Fällen ist es bei uns die schwere, materielle Not, die den Gedanken der Abtreibung hervorruft, sondern die *Störung der eigenen Lebensplanung,* als die das ungeborene Kind erlebt wird. Warum erscheint es heute nicht mehr zumutbar, auch in diesem Zusammenhang auf das Pauluswort zu verweisen, daß »denen, die Gott lieben, *alle Dinge zum Besten dienen*«? Ist es denn zu erwarten, daß auf dem eigenmächtigen Weg, auf dem man nicht vor der Tötung des Ungeborenen zurückschreckt, wirklich Segen liegt? Freilich erscheinen diese Gedanken wenig überzeugend und akzeptabel in einer Kirche, in der von *Leiden und Verzicht,* von *Opfer und Kreuz* nur noch selten gesprochen wird. Gerade in diesem Zusammenhang wird mir deutlich, wie weit wir uns vom neutestamentlichen Christusglauben, vom Glaubensgehorsam des Apostel Paulus entfernt haben!

6. Das soll *Grenzfälle* nicht ausschließen. Sie werden jedoch christlich nur verantwortbar sein, wo es wirklich um den ganz *großen Konflikt* von *Leben und Leben* geht. Der Konflikt, der eine glatte Lösung nicht zuläßt, zwingt zu einer Güterabwägung, bzw. zur *Wahl des kleineren Übels.* Freilich wird es da für die Entscheidung unter den hier angenommenen Voraussetzungen sehr »eng«: Da auf der einen Seite eines der höchsten Güter überhaupt,

das Leben eines Menschen, auf dem Spiel steht, stellt sich unweigerlich die Frage, wodurch das »*aufgewogen*« werden kann. Nach meinem Rechtsempfinden kann das nur durch das gleiche Gut, nämlich das Leben der Mutter geschehen. Alles andere, was hier – in unseren Verhältnissen, in der Dritten Welt mag das wirklich anders aussehen! – ins Feld geführt wird, wiegt zu leicht.

7. Ich fühle mich rechtlich und ethisch durch diese Erkenntnis in meiner Entscheidung gebunden. Auch wenn ich die großen Schwierigkeiten berücksichtige, in die Schwangere geraten können, abgesehen von den bezeichneten Grenzfällen und äußersten Konfliktsituationen geht der *Schutz des menschlichen Lebens vor*. Wegen der grundsätzlichen Unantastbarkeit und Heiligkeit menschlichen Lebens vermag ich es nicht mehr als in die Freiheit der Selbstbestimmung gestellt zu sehen, darüber zu verfügen. Meine *Freiheit*, auch die der Mutter, findet ihre *Grenze* am Lebensrecht des anderen Menschen. Ich finde es juristisch und ethisch unerträglich und unverantwortlich, daß die Mutter – oder auch der Vater oder sonstwer – in »freier Selbstbestimmung« über das Leben des Ungeborenen verfügen dürfen sollen.

8. Nochmals – nur wenn das Leben des Ungeborenen durch eine andere Lebensbedrohung »aufgewogen« wird, läßt sich für den Christen *Abtreibung* »*rechtfertigen*«, d. h. nicht für Recht erklären, wohl aber als *fast tragische Konfliktentscheidung* entschuldigen, so daß man sich mit einem getrösteten Gewissen dazu entschließen darf und auf die Vergebung hoffen.

9. Die sogenannte *eugenische Indikation* erscheint mir von daher problematisch, da sie auf eine *verkappte aktive Euthanasie* hinausläuft: Wir verurteilen sogenanntes lebensunwertes Leben zum Tode. – Daß der Staat bei einem Schwangerschaftabbruch *nach Vergewaltigung* auf Strafe verzichtet, finde ich verständlich und richtig. Trotzdem sollte Abtreibung auch hier nicht als Selbstverständlichkeit gelten: Wird denn ein Verbre-

chen durch ein Tötungsdelikt ungeschehen gemacht? Was kann das Ungeborene dafür, um dessen Leben es geht? Es muß dafür büßen. Es wird gewissermaßen anstelle seines Vaters hingerichtet. Jedenfalls finde ich den Konflikt so schwerwiegend, daß eine Enthaltung des Urteils für jeden Außenstehenden geboten ist.

10. Die *sogenannte soziale Indikation* kommt mir in der Regel vor wie eine vornehme Umschreibung für unsere *Liebesunfähigkeit* und unsere Unwilligkeit zur Verantwortung für unsere Taten. Hier werfen wir die durch uns selbst entstandene Belastung einfach ab auf Kosten des Schwächsten, der allemal der ungeborene Mensch ist. Diese Preisgabe des menschlichen Lebens im Mutterschoß aus Gründen, die nicht lebensbedrohlich sind, ist mir immer als eine *besonders unmenschliche Form der Tötung,* als eine regelrechte *Perversion des Handelns* erschienen: Die Tötung in der Wiege des Lebens. Hier haben wir es meist mit dem eiskalten Egoismus oder mit der nackten Verzweiflung zu tun. Kein Wunder, daß sich langfristig oft schwere seelische Depressionen nach einer Abtreibung einstellen, wenn einem nämlich aufgeht, was man/frau hier wirklich getan, welche Schuld er/sie auf sich geladen hat. Das vermag im Licht christlicher Verantwortung auch die leichtfertige Rede von der »Entkriminalisierung« der Abtreibung nicht zu vertuschen. Kurzum – es gibt für die Abtreibung aus sozialer Indikation *keine christliche Rechtfertigung* vor dem heiligen Willen Gottes.

II. B. *Im Lichte des Evangeliums*

1. Erst jetzt nach der Auslegung des geistlich verstandenen Gesetzes, darf vom Evangelium her noch etwas ganz anderes gesagt werden. Hier geht es wirklich nicht ums Strafen, sondern um das Beraten und Helfen. Nicht die erste Aufgabe, wohl aber die *zweite und letzte »Aufgabe der Kirche* besteht darin, schuldig gewordenen

Menschen *Vergebung der Sünden* anzubieten« (a. a. O. Nr. 6). Wenn kirchliche Verkündigung und Seelsorge nur dies und dies zuerst sagt, dann besteht die große Gefahr der allgemeinen »*Weißwäscherei*« (A. Camus: Der Fall), der Rechtfertigung der Sünde statt des Sünders, d. h. der Eindruck entsteht, daß die Sünde keine wirkliche Sünde war – oder jedenfalls keine schwerwiegende –, da man ja viele Entschuldigungen und »Rechtfertigungen« dafür besitzt und die göttliche Vergebung – oder eigentlich besser Billigung der eigenen Tat – sowieso erwarten darf.

2. Im Zuge des allgemein *abnehmenden Schuldbewußtseins*, auch unter Christen (vgl. den Schwund der Beichte!) führt die sogenannte Entkriminalisierung der Abtreibung fast zwangsläufig zu einer Abnahme oder gar dem *Verlust des Unrechtsbewußtseins*, zu so etwas wie einer Selbstabsolution. Man hofft gewissermaßen auf eine Vergebung ohne Beichte. Damit verliert die Gnade ihren Gnadencharakter. Aus dem Wunder der grundlosen, nicht verdienten, nicht zu erwarteten Barmherzigkeit Gottes wird eine Selbstverständlichkeit, fast eine *Gnadenautomatik*. D. h. mit den Worten Dietrich Bonhoeffers: Aus der teuren Gnade wird die *allzubillige Gnade*. Auch wenn es nicht so zynisch gesagt wird wie bei Voltaire, es geht doch in diese Richtung: »Dieu pardonnera, c'est son metier.«

3. Damit entfernt man sich auch von *Jesus,* der gerade *als Sünderheiland* nie einen Zweifel daran ließ, daß seine Zuwendung *Vergebung wirklicher Sünde* war und nicht ein billiges: »Laß nur, alles nicht so schlimm!« Es gibt auch bei ihm keine Annahme des Sünders ohne Annahme der Sünde durch den Sünder. Jesus sagte nicht nur zur Ehebrecherin: »Gehe hin und sündige hinfort nicht mehr!«

4. Das grundlegende Mißverständnis der Gnade Gottes als billige Gnade kann nur vermieden werden, wenn Gesetz und Evangelium gepredigt werden und von daher

bei der *Abtreibung* nicht verschwiegen wird, daß hier *wirklich Sünde* geschehen ist und vergeben werden muß.

5. Das aber darf dort, wo Vergebung erbeten wird, auch wirklich geschehen. Das *letzte Wort* hat nicht das Gesetz, sondern das *Evangelium*, das Wort von der großen Entlastung und Befreiung. Auch die *Sünde der Abtreibung* kann – wie jede andere Sünde – vergeben werden. (Mir fällt eben beim Schreiben auf, daß ich das Wort Abtreibung schon lange nicht mehr in der Verbindung mit dem Wort Sünde im evangelischen Raum gelesen habe, in der ganzen weitläufigen Debatte!) Genau darauf kommt es jedoch an, dies sich einzugestehen, damit hier wirklich Vergebung erlangt werden kann. »Da sprach David zu Nathan: *Ich habe gesündigt* gegen den Herrn. Nathan sprach zu David: So hat auch der Herr deine Sünde weggenommen...« (2. Sam. 12, 13). So auch im Gleichnis vom verlorenen Sohn: Vater, *ich habe gesündigt... Luk. 15, 21.*

6. *Erst jetzt ist abschließend auch von der gemeinsamen Verantwortung der Gesellschaft* und besonders der *christlichen Gemeinde* für das ungeborene Leben, die werdende Mutter, für die Eltern und Familien überhaupt zu sprechen: Wir dürfen sie nicht allein lassen in ihrer oft schwierigen Lage. Sie müssen sich getragen und aufgefangen fühlen mit ihren Schwierigkeiten in der Gemeinde. Bis hin zu ganz praktischen (auch finanziellen) Hilfen müssen wir zeigen, daß wir ihnen beistehen, bereit sind, *Mitverantwortung für das Leben* zu übernehmen durch Unterstützung, die weit über die vom Staat angebotene Hilfe hinausgeht. Sicher, vieles tun hier die Familien (Großmütter!); das wäre zu ergänzen durch Nachbarschaftshilfe, Wohnungsangebot, Tagesmütter, Kinderkrippen und -horte, auch Vermittlung zur Adoption, psychologische und seelsorgerliche Betreuung und Beratung, Mutter-Kind-Gruppen u. v. a. mehr.

7. Insgesamt sollte die christliche Gemeinde ein *Vorbild der Kinder- und Familienfreundlichkeit* bieten und

von hier aus eine der wesentlichen Ursachen vieler Abtreibungen bekämpfen helfen: Die *Kinderfeindlichkeit unserer Gesellschaft.* Hier gibt es noch sehr viel zu tun! Die christliche Verantwortung der Kirche in diesem Zusammenhang sehe ich eben darin, den Gemeinden diese Aufgabe, ihre Dringlichkeit, ja Notwendigkeit deutlich zu machen, um die *Seuche der Abtreibung* einzudämmen, so gut es geht. Ich vermag es nicht zu verstehen und kann mich nicht damit einverstanden erklären, daß auch die *evangelische Kirche* – wie es leider geschieht – die ethischen Argumente verdreht und vernebelt, den Ernst der Verantwortung für das ungeborene Leben verdunkelt und verharmlost, die Dinge treiben läßt und sich so indirekt *mitschuldig macht* an der *Tötung eines Drittels aller ungeborenen Kinder* in unserem Lande.

Lutherische Verantwortung heute

Theologen schreiben in dieser Schriftenreihe für Theologen und andere interessierte Leser zu wichtigen Themen in Kirche und Gesellschaft. Die preiswerten und handlichen Bücher werden von den Pfarrern Albrecht Köberlin und Dr. Wolfhart Schlichting herausgegeben und von der »Lutherischen Stiftung« in München gefördert.

Oswald Bayer
Rechtfertigung
56 Seiten, kart. 3,80 DM, ISBN 3-7726-0138-3

Albrecht Köberlin
Der Mensch, der sich an seinem eigenen Zopf aus dem Sumpf zog
104 Seiten, kart. 5,80 DM, ISBN 3-7726-0152-9

Albrecht Köberlin
Die Zerstörung der Zwei-Regimenten-Lehre
72 Seiten, kart. 3,80 DM, ISBN 3-7726-0154-5

Albrecht Köberlin, Wolfhart Schlichting
Fragwürdiges Kairos-Dokument
93 Seiten, kart. 4,80 DM, ISBN 3-7726-0155-3

Walter Künneth, Hans Schwarz,
Albrecht Köberlin
Fundamentalismus?
80 Seiten, kart. 3,80 DM, ISBN 3-7726-0139-1

Wilhelm Rau
Das Zeugnis Luthers von der Verlorenheit des Menschen und seiner Erlösung durch Christus
96 Seiten, kart. 4,80 DM, ISBN 3-7726-0144-8

Wolfhart Schlichting
Christus und das All
Die Herausforderung des New Age
96 Seiten, kart. 4,80 DM, ISBN 3-7726-0140-5

Wolfhart Schlichting
Selbstfindung – Gottfindung
48 Seiten, kart. 3,80 DM, ISBN 3-7726-0135-7

Freimund-Verlag
8806 Neuendettelsau